GEORGE ORWELL

NA PIOR EM PARIS E LONDRES

GEORGE ORWELL

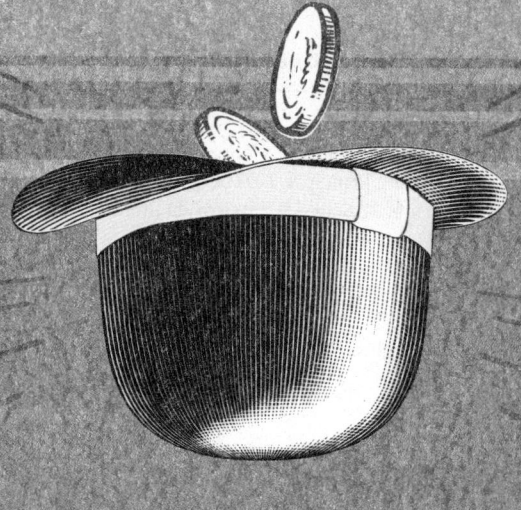

NA PIOR EM
PARIS E LONDRES

TRADUÇÃO
DÉBORA ISIDORO

Principis

Esta é uma publicação Principis, selo exclusivo da Ciranda Cultural
© 2021 Ciranda Cultural Editora e Distribuidora Ltda.

Traduzido do original em inglês
Down and out in Paris and London

Texto
George Orwell

Tradução
Débora Isidoro

Revisão
Fernanda R. Braga Simon

Produção editorial e projeto gráfico
Ciranda Cultural

Diagramação
Linea Editora

Imagens
Fandorina Liza/Shutterstock.com;
Channarong Pherngjanda/Shutterstock.com;
Uncle Leo/Shutterstock.com;
Nevena Radonja/Shutterstock.com

Dados Internacionais de Catalogação na Publicação (CIP) de acordo com ISBD

O79n	Orwell, George, 1903-1950
	Na pior em Paris e Londres / George Orwell ; traduzido por Débora Isidoro. - Jandira, SP : Principis, 2021.
	224 p. ; 15,5cm x 22,6cm. - (Clássicos da literatura mundial)
	Tradução de: Down and out in Paris and London
	ISBN: 978-65-5552-225-9
	1. Literatura inglesa. 2. Memórias. I. Isidoro, Débora. II. Título. III. Série.
2020-2871	CDD 823
	CDU 821.111-31

Elaborado por Vagner Rodolfo da Silva - CRB-8/9410

Índice para catálogo sistemático:
1. Literatura inglesa 823
2. Literatura inglesa 821.111-31

1ª edição em 2021
www.cirandacultural.com.br
Todos os direitos reservados.
Nenhuma parte desta publicação pode ser reproduzida, arquivada em sistema de busca ou transmitida por qualquer meio, seja ele eletrônico, fotocópia, gravação ou outros, sem prévia autorização do detentor dos direitos, e não pode circular encadernada ou encapada de maneira distinta daquela em que foi publicada, ou sem que as mesmas condições sejam impostas aos compradores subsequentes.

Oh, mal destrutivo, condição da pobreza!

CHAUCER

CAPÍTULO 1

Rue du Coq d'Or, Paris, sete da manhã. Uma sucessão de gritos furiosos, sufocantes na rua. Madame Monce, que cuidava do hotelzinho na frente do meu, tinha ido à calçada para falar com uma hóspede no terceiro andar. Ela calçava tamancos nos pés sem meias, e o cabelo grisalho estava solto.

Madame Monce: "*Salope! Salope!* Quantas vezes já falei para não esmagar insetos no papel de parede, hein? Por que não pode jogá-los pela janela, como todo mundo? *Putain! Salope!*"

A mulher no terceiro andar: "*Vache!*"

Seguiu-se um coro variado de gritos, com janelas se abrindo de todos os lados e meio quarteirão se juntando à discussão. A gritaria cessou repentinamente dez minutos mais tarde, quando um pelotão da cavalaria passou por ali, e as pessoas pararam de berrar para olhar para eles.

Relato essa cena apenas para dar uma ideia do espírito da Rue du Coq d'Or. Não que discussões fossem as únicas coisas que aconteciam por lá, mas, mesmo assim, raramente passávamos a manhã sem pelo menos uma explosão como essa descrita. Discussões, gritos desanimados dos vendedores ambulantes, a gritaria das crianças que corriam atrás de casca de laranja pelas pedras do calçamento e, à noite, a cantoria e o cheiro de azedo das carroças de lixo, tudo isso compunha a atmosfera da rua.

Era uma rua muito estreita, uma ravina de casas altas, enfermas, inclinadas umas para as outras em posições bizarras, como se todas tivessem sido congeladas no ato do colapso. Todas as casas eram hotéis, e eles estavam lotados de hóspedes, principalmente poloneses, árabes e italianos. Embaixo deles havia pequenos bistrôs, onde se podia ficar bêbado pelo equivalente a um xelim. Nas noites de sábado, cerca de um terço da população masculina do quarteirão se embriagava. Havia brigas por mulheres, e os marinheiros árabes que ficavam nos hotéis mais baratos costumavam promover disputas misteriosas, e brigavam com cadeiras e, às vezes, revólveres. À noite, os policiais só percorriam a rua em duplas. Era um lugar bem turbulento. No entanto, em meio ao barulho e à sujeira, viviam os habituais e respeitáveis franceses, lojistas, padeiros e lavadeiras, gente assim, pessoas que não se misturavam e, em silêncio, acumulavam pequenas fortunas. Era um cortiço em Paris.

Meu hotel era o Hôtel des Trois Moineaux. Era uma toca de coelho, um labirinto escuro de cinco andares dividido em quarenta quartos por divisórias de madeira. Os quartos eram pequenos e inveteradamente sujos, porque não havia camareiras, e Madame F., a *patronne*, não tinha tempo para varrer nada. As paredes eram finas como madeira de fósforo e, para esconder as rachaduras, haviam sido cobertas com camadas e mais camadas de papel de parede cor de rosa, que se soltava e servia de abrigo para inúmeros insetos. Perto do teto, longas fileiras deles marchavam o dia todo como colunas de soldados, e à noite desciam famintos, de forma que era preciso se levantar de madrugada e matá-los em hecatombes. Às vezes, quando os insetos eram muitos, costumava-se queimar enxofre e espantá-los para o quarto vizinho; lá, o hóspede recorria ao enxofre também e mandava os insetos de volta. Era um lugar sujo, mas parecia um lar, porque Madame F. e o marido eram boas pessoas. O aluguel dos quartos variava entre trinta e cinquenta francos por semana.

Os hóspedes eram uma população flutuante, estrangeiros, na maioria, que chegavam sem bagagem, ficavam uma semana e desapareciam. Eram de todos os ofícios, sapateiros, pedreiros, assentadores de tijolos, marinheiros, estudantes, prostitutas, catadores de pano. Alguns eram tremendamente pobres. Em um dos sótãos havia um estudante búlgaro que fazia sapatos chiques para o mercado norte-americano. Das seis ao meio-dia ele ficava sentado em sua cama, fazendo uma dúzia de pares de sapatos e ganhando trinta e cinco francos; durante o resto do dia ele assistia às aulas na Sorbonne. Estudava para a Igreja, e livros de teologia eram deixados abertos com as páginas para baixo no chão coberto de couro em seu quarto. Em outro quarto moravam uma russa e o filho, que se dizia artista. A mãe trabalhava dezesseis horas por dia, cerzindo meias a 25 centavos por meia, enquanto o filho, bem-vestido, vadiava pelos cafés de Montparnasse. Um quarto era ocupado por dois hóspedes diferentes, um deles trabalhava durante o dia, o outro, à noite. Em outro quarto, uma viúva dividia a cama com duas filhas adultas, ambas tuberculosas.

Havia personagens excêntricos no hotel. Os cortiços de Paris eram local de reunião de pessoas excêntricas, gente que havia caído nas valas solitárias e meio loucas da vida e desistido de tentar ser normal ou decente. A pobreza as liberta dos padrões comuns de comportamento, como o dinheiro liberta as pessoas do trabalho. Alguns hóspedes de nosso hotel tinham vidas que palavras não podiam descrever.

Havia os Rougiers, por exemplo, um casal de anões esfarrapados que tinham um ofício extraordinário. Eles costumavam vender cartões-postais no Boulevard St. Michel. O curioso era que os cartões eram vendidos em pacotes fechados como pornográficos, mas, na verdade, eram fotos do castelo no Loire; os compradores só descobriam quando era tarde demais e, é claro, nunca reclamavam. Os Rougiers ganhavam cerca de cem francos por semana e, com economia austera, conseguiam estar sempre meio famintos e meio bêbados. A imundície no quarto deles era tamanha que se podia sentir o cheiro no andar de baixo. De acordo com Madame F., nenhum dos Rougiers tirava a roupa há quatro anos.

Ou tinha o Henri, que trabalhava nos esgotos. Ele era um homem alto, melancólico, com cabelo encaracolado, dono de uma aparência meio romântica naquelas botas de canos longos de homem do esgoto. A peculiaridade de Henri era não falar por dias consecutivos, exceto para os propósitos do trabalho. Um ano atrás, ele era motorista, tinha um bom emprego e economizava dinheiro. Um dia ele se apaixonou e, quando a jovem o rejeitou, ele perdeu a cabeça e deu um chute nela. Ao ser chutada, a moça se apaixonou desesperadamente por Henri, e eles moraram juntos por duas semanas e gastaram mil francos do dinheiro de Henri. Depois a moça o traiu; Henri cravou uma faca no braço dela e foi condenado a seis meses de prisão. Assim que foi esfaqueada, a garota se apaixonou ainda mais que antes por Henri, e os dois se reconciliaram e decidiram que, quando saísse da cadeia, Henri compraria um táxi, e eles se casariam. Mas, quinze dias depois, a moça foi infiel de novo e, quando Henri saiu da cadeia, ela estava grávida, e Henri não a esfaqueou de novo. Sacou todas as economias do banco e se meteu em uma bebedeira que terminou em mais um mês na cadeia; depois disso, ele foi trabalhar nos esgotos. Nada fazia Henri falar. Se você perguntasse por que trabalhava nos esgotos, ele não respondia, apenas cruzava os punhos para sugerir algemas e acenava com a cabeça em direção ao sul, para a prisão. A má sorte parecia tê-lo deixado idiota em um único dia.

Ou havia o R., um inglês que passava seis meses do ano em Putney com os pais e seis meses na França. Durante a estadia na França, ele bebia quatro litros de vinho por dia e seis litros aos sábados; uma vez viajou até Açores, porque o vinho lá é mais barato que em qualquer lugar na Europa. Ele era uma criatura gentil, mansa, nunca era barulhento ou briguento, e nunca estava sóbrio. Ele ficava na cama até meio-dia, e daí até a meia-noite podia ser encontrado em seu canto no bistrô, bebendo quieto e de maneira

NA PIOR EM PARIS E LONDRES

metódica. Enquanto bebia, ele falava com um som refinado e feminino sobre móveis antigos. R. era o único inglês no quarteirão, além de mim.

Havia muito mais gente cujas vidas eram tão excêntricas quanto essas: Monsieur Jules, o romeno, que tinha um olho de vidro e não admitia, Furex, o pedreiro, Roucolle, o sovina – mas ele morreu antes de eu chegar – o velho Laurent, o comerciante de retalhos, que costumava copiar sua assinatura de um pedaço de papel que levava no bolso. Seria divertido escrever algumas dessas biografias, para quem tivesse tempo. Estou tentando descrever as pessoas em nosso quarteirão, não por mera curiosidade, mas porque elas fazem parte da história. Pobreza é sobre o que estou escrevendo, e tive meu primeiro contato com ela nesse cortiço. O cortiço, com suas vidas sujas e esquisitas, foi primeiro uma aula prática sobre pobreza, e depois o cenário de minhas próprias experiências. É por isso que tento dar uma ideia de como era a vida lá.

CAPÍTULO 2

A vida naquela região. Nosso bistrô, por exemplo, embaixo do Hôtel des Trois Moineaux. Um pequeno cômodo de assoalho de lajotas, meio subterrâneo, com mesas manchadas de vinho e a fotografia de um funeral com a legenda: *"Crédit est mort"*; e funcionários que usavam faixas vermelhas e cortavam linguiça com grandes canivetes; e Madame F., uma esplêndida camponesa de Auvergne com o rosto de uma vaca determinada, bebia Málaga todos os dias "para o estômago"; e jogos de dados como *apéritifs*; e canções sobre *"Les Praises et Les Framboises"*, e sobre Madelon, que disse *"Comment épouser un soldat, moi qui aime tout le régiment?"*; e demonstrações físicas de afeto extraordinariamente públicas. Metade do hotel costumava se encontrar no bistrô à noite. Queria que fosse possível encontrar um *pub* em Londres com um quarto daquela animação.

Ouviam-se conversas estranhas no bistrô. Como exemplo, trago a fala de Charlie, uma das curiosidades locais.

Charlie era um jovem de família e boa educação que tinha fugido de casa e vivia de remessas ocasionais. Imagine-o rosado e jovem, com o rosto fresco e o cabelo castanho e macio de um menininho agradável e lábios excessivamente vermelhos e molhados, como cerejas. Os pés eram pequenos, os braços, curtos a ponto de parecerem anormais, as mãos tinham covinhas como as de um bebê. Ele tem um jeito de dançar e se balançar enquanto fala, como se fosse feliz demais e muito cheio de vida para ficar quieto por um instante. São três da tarde, e não tem ninguém no bistrô além de Madame F. e um ou dois homens desempregados; mas não faz diferença para Charlie com quem ele fala, desde que possa falar sobre si mesmo. Ele declama como um orador sobre um palco, rolando as palavras na língua e gesticulando com os braços curtos. Os olhos pequenos, que parecem de porco, cintilam entusiasmados. É extremamente desagradável de ver.

Ele está falando de amor, seu assunto favorito.

Ah, l'amour, l'amour! Ah, que les femmes m'Ont tué! *A propósito,* messieurs et dames, *as mulheres têm sido minha ruína, além de toda esperança, minha ruína. Aos 22 anos, estou completamente esgotado e acabado. Mas que coisas aprendi, em que abismos de sabedoria não mergulhei! Que grande coisa é ter adquirido a verdadeira sabedoria, ter me tornado um homem civilizado no sentido mais elevado da palavra, ter me tornado* raffiné, vicieux, *etc., etc.*

Messieurs et daffies, *percebo que estão tristes.* Ah, mais la vie est belle... *não devem ficar tristes. Sejam mais alegres, eu imploro!*

Fill high ze bowl vid Samian vine,
Ve vill not sink of semes like zese[1]!

Ah, que lá vie est belle! *Escutem,* Messieurs et dames, *do alto de minha experiência, falo a vocês sobre amor. Vou explicar qual é o verdadeiro significado do amor, o que é a verdadeira sensibilidade,*

---

[1] Trecho do poema "The Isles of Greece", de George G. Byron, declamado em inglês com sotaque francês. (N.T.)

o mais elevado, mais refinado prazer conhecido apenas pelos homens civilizados. Falarei a vocês sobre o dia mais feliz de minha vida. Ah, já passei do tempo quando podia conhecer felicidade assim. Foi-se para sempre... a possibilidade, até o desejo de tê-la, tudo se foi.

Ouçam, então. Foi há dois anos; meu irmão estava em Paris – ele é advogado – e meus pais tinham dito a ele para me procurar e me levar para jantar. Nós nos odiávamos, meu irmão e eu, mas preferíamos não desobedecer aos meus pais. Jantamos, e nesse jantar ele ficou muito bêbado com três garrafas de Bordeaux. Eu o levei de volta ao hotel e, no caminho, comprei uma garrafa de conhaque e, quando chegamos, fiz meu irmão beber um copo cheio, disse que era algo que o deixaria mais sóbrio. Ele bebeu, e caiu imediatamente como se sofresse um colapso, completamente bêbado. Eu o levantei e apoiei suas costas na cama; depois revirei seus bolsos. Encontrei mil e cem francos. Peguei o dinheiro e desci a escada correndo, entrei em um táxi e fugi. Meu irmão não sabia qual era meu endereço, eu estava seguro.

Aonde um homem vai quando tem dinheiro? Aos bordels, naturalmente. Mas não pensem que eu ia perder meu tempo em alguma devassidão vulgar que só servia para marinheiros. Não, sou um homem civilizado! Era meticuloso e exigente, com mil francos no bolso. Quando encontrei o que procurava, era meia-noite. Eu tinha conhecido um jovem muito inteligente de 18 anos vestido em smoking, com o cabelo cortado a l'américaine, e conversávamos em um bistrô tranquilo longe dos boulevards. Aquele jovem e eu nos entendíamos bem. Falávamos disso e daquilo e discutíamos maneiras de se distrair. Acabamos pegando um táxi juntos e fomos a outro lugar.

O táxi parou em uma rua estreita e vazia com uma única lâmpada a gás em uma extremidade. Havia poças escuras entre as pedras. De um lado havia o muro alto e vazio de um convento. Meu guia levou-me a uma casa alta e arruinada com janelas de venezianas, em cuja porta bateu várias vezes. Por fim, ouvimos o som alto de passos e o ranger de trancas, e a porta se abriu um pouco. Vi a mão que a segurava; era grande e torta, e em instantes ela passou pela fresta com a palma voltada para cima, pedindo dinheiro.

Meu guia encaixou o pé entre a porta e a soleira. "Quanto você quer?", perguntou.

"Mil francos", respondeu uma voz de mulher. "Pague imediatamente, ou não vai entrar."

Pus os mil francos na mão estendida e entreguei os cem restantes ao meu guia: ele se despediu e me deixou lá. Ouvi a voz do outro lado da porta contando as notas, depois uma mulher magra e vestida de preto, parecida com um corvo velho, pôs o nariz para fora e olhou para mim desconfiada antes de me deixar entrar. Estava muito escuro lá dentro; não conseguia ver nada além de um maçarico flamejante que iluminava um trecho de uma parede, lançando todo o resto em sombras mais profundas. O cheiro era de ratos e poeira. Sem falar, a velha acendeu uma vela no maçarico e seguiu mancando na minha frente por um corredor de pedra e subiu uma escada de degraus de pedra.

"Voilà!", ela disse, "entre e faça o que quiser. Não vejo nada, não ouço nada, não sei nada. Você é livre, sabe... perfeitamente livre."

Ah, messieurs, não preciso descrever, forcément, todos vocês conhecem, aquele arrepio que é meio terror e meio alegria, que percorre alguém nesses momentos? Fui andando devagar, tateando o caminho; ouvia minha respiração e o som dos meus sapatos nas pedras, mas, além disso, tudo era silêncio. Desci a escada do outro lado e, no fim dela, minha mão tocou um interruptor. Apertei o botão, e um grande lustre de doze lâmpadas vermelhas encheu o porão de luz. E atenção, não era um porão, mas um quarto, um grande, rico e luxuoso quarto vermelho do teto ao chão. Imaginem, messieurs e dames! Tapete vermelho no chão, papel vermelho nas paredes, veludo vermelho nas cadeiras, até o teto era vermelho; tudo vermelho, queimando os olhos. Era um vermelho pesado, sufocante, como se a luz iluminasse vasilhas de sangue. Do outro lado havia uma enorme cama quadrada coberta por uma colcha vermelha, como o restante, e nela havia uma garota deitada com um vestido de veludo vermelho. Ao me ver, ela tentou recuar e esconder os joelhos embaixo do vestido curto.

Eu estava parado na porta. "Vem cá, franguinha", chamei.

Ela deixou escapar um gemido de medo. Um movimento rápido, e eu estava ao lado da cama; ela tentou me evitar, mas a segurei pelo pescoço – assim, estão vendo? – com força! Ela sufocou, começou a gritar por misericórdia, mas eu a segurava firme, empurrei sua cabeça para trás e a encarei. Devia ter uns 20 anos; o rosto era largo e sem graça, como o de uma criança estúpida, mas estava coberto de maquiagem, e os olhos azuis e estúpidos, cintilando à luz vermelha, tinham aquela expressão chocada e distorcida que não se vê em nenhum outro lugar, além dos olhos dessas mulheres. Devia ser uma camponesa, sem dúvida, cujos pais a venderam para ser escravizada.

Sem dizer mais nada, eu a puxei de cima da cama e joguei no chão. E caí sobre ela como um tigre! Ah, a alegria, o incomparável arrebatamento daquele momento! Isso, messieurs et dames, é o que eu tinha para contar a vocês; voilà l'amour! Aí está o verdadeiro amor, a única coisa no mundo pela qual vale a pena lutar; em comparação a isso, todas as suas artes e ideias, filosofias e credos, todas as suas belas palavras e nobres atitudes empalidecem, apagam-se como cinzas. Quando se tem amor experiente – o verdadeiro amor –, o que há no mundo que pareça ser mais que a mera sombra da alegria?

Repeti o ataque com selvageria cada vez maior. De novo e de novo a garota tentou escapar; gritou novamente por misericórdia, mas eu ri.

"Misericórdia!", exclamei. "Acha que vim aqui para ter misericórdia? Acha que paguei mil francos para isso?" Juro, messieurs et dames, que, se não fosse por aquela maldita lei que nos rouba a liberdade, eu a teria matado naquele momento.

E como ela gritava, gritos amargurados de agonia. Mas não havia ninguém para ouvi-la; lá embaixo, sob as ruas de Paris, estávamos tão seguros quanto no coração de uma pirâmide. Lágrimas corriam pelo rosto da menina, lavando a maquiagem e deixando longas manchas sujas. Ah, aquele tempo irrecuperável! Vocês, messieurs et dames, vocês que não cultivaram as mais requintadas sensibilidades do amor, para vocês esse é um prazer além do concebível. E para mim também, agora que minha juventude se foi – ah, juventude! – nunca mais verei vida tão bela quanto aquela. Acabou.

Ah, sim, acabou para sempre. Ah, a pobreza, a brevidade, o desapontamento da alegria humana! Porque, na verdade – car en réalité, qual é a duração do momento supremo do amor? Não é nada, um instante, um segundo, talvez. Um segundo de êxtase, e depois... pó, cinzas, nada.

E assim, só por um instante, capturei a suprema felicidade, a mais elevada e mais refinada emoção que os seres humanos podem alcançar. E no mesmo momento acabou, e fui deixado... com o quê? Toda a minha selvageria, minha paixão, espalhada como as pétalas de uma rosa. Fui deixado frio e lânguido, cheio de arrependimentos vãos; ao me retrair subitamente, senti até uma espécie de pena da menina que chorava no chão. Não é nauseante que sejamos presa de emoções tão cruéis? Não olhei para a menina de novo; meu único pensamento era sair dali. Subi rapidamente a escada e saí. Estava escuro e muito frio, as ruas estavam vazias, as pedras ecoavam meus passos com uma nota vazia, solitária. Todo o meu dinheiro tinha acabado, não tinha nem o necessário para pegar um táxi. Voltei a pé e sozinho para o meu quarto frio, vazio.

Mas pronto, messieurs et dames, isso é o que prometi expor a vocês. Isso é Amor. Aquele foi o dia mais feliz da minha vida.

Charlie era um espécime curioso. Eu o descrevo apenas para mostrar que personagens diversos podem ser encontrados desabrochando no quarteirão da Coq d'Or.

CAPÍTULO 3

Morei no quarteirão da Coq d'Or por um ano e meio, mais ou menos. Um dia, no verão, descobri que só me restavam quatrocentos e cinquenta francos, além disso só os trinta e seis francos por semana que ganhava dando aulas de inglês. Até então, não havia pensado no futuro, mas percebi que precisava fazer alguma coisa imediatamente. Decidi começar a procurar um emprego e – por sorte, como descobri – tomei a precaução de pagar duzentos francos por um mês de aluguel adiantado. Com os outros 250 francos, mais as aulas de inglês, poderia viver por um mês, e em um mês eu encontraria um emprego, provavelmente. Pretendia me tornar guia de uma das empresas de turismo, ou talvez intérprete. Porém, um golpe de má sorte impediu tudo isso.

Um dia, apareceu no hotel um jovem italiano que dizia ser compositor. Era uma pessoa bem ambígua, porque usava costeletas, que são a marca de um apache ou de um intelectual, e ninguém sabia ao certo em que categoria o encaixar. Madame F. não gostou do jeito dele e exigiu o pagamento adiantado de uma semana de aluguel. O italiano pagou e passou seis noites no hotel. Durante esse tempo, ele conseguiu copiar algumas chaves, e na última noite roubou uns dez quartos, inclusive o meu. Por sorte, ele não encontrou o dinheiro que estava nos meus bolsos, e eu não fiquei sem nada. Restaram 47 francos – ou melhor, sete xelins e dez pence.

Isso punha um fim nos meus planos de procurar emprego. Agora teria que viver na proporção de seis francos por dia, e era difícil demais para deixar espaço para pensar muito em qualquer outra coisa. Foi então que começaram minhas experiências de pobreza – por seis francos por dia, se não era pobreza de fato, estava no limite dela. Seis francos são um xelim, e você pode viver com um xelim por dia em Paris, se souber como. Mas é complicado.

Esse primeiro contato com a pobreza é curioso. Você pensou muito sobre pobreza, ela é a coisa de que você teve medo durante toda a vida, o que você sabia que aconteceria mais cedo ou mais tarde; e ela é prosaica e completamente diferente. Você pensava que ela seria bem simples; é extremamente complicada. Pensava que seria terrível; é só esquálida e tediosa. É a peculiar baixeza da pobreza que você descobre primeiro; as mudanças que promove em você, a mesquinharia complicada, a economia de migalhas.

Você descobre, por exemplo, o sigilo ligado à pobreza. De repente, você se vê reduzido a uma renda de seis francos por dia. Mas, é claro, não se atreve a admitir, precisa fingir que continua vivendo como de costume. Desde o início, ela o enreda em uma teia de mentiras, e, mesmo mentindo, é difícil administrar a situação. Você deixa de mandar as roupas para lavar, e a lavadeira o encontra na rua e pergunta por quê; você resmunga alguma coisa, e ela, pensando que você está mandando as roupas para outro lugar, torna-se sua inimiga para o resto da vida. O vendedor da tabacaria insiste em perguntar por que você parou de fumar. Há cartas que gostaria de responder, mas não pode, porque os selos custam muito caro. E tem suas refeições – as refeições são a maior de todas as dificuldades.

Todos os dias, você sai na hora das refeições, ostensivamente sugerindo que vai a um restaurante, e passava uma hora andando pelos Jardins de Luxemburgo, observando os pombos. Depois leva sua comida para casa nos bolsos. A comida é pão e margarina, ou pão e vinho, e até a natureza do alimento é comandada por mentiras. Você tem que comprar pão de centeio, em vez de pão caseiro, porque as baguetes de centeio, embora mais caras, são menores e redondas e cabem nos bolsos. Isso representa um desperdício de um franco por dia. Às vezes, para preservar as aparências, você precisa gastar sessenta centavos em um drinque, e deixa de gastar essa mesma quantia em comida. As roupas de cama ficam imundas, e você fica sem sabonete e lâminas de barbear. O cabelo precisa de um corte, e você tenta cortar sozinho, e o resultado é tão horrível que você acaba sendo forçado a ir ao barbeiro, afinal, e gasta o equivalente a um dia de alimentação. Você passa todos os dias contando mentiras, e são mentiras caras.

Você descobre a extrema precariedade de seus seis francos diários. Pequenos desastres acontecem e o privam de comer. Você gastou seus últimos oitenta centavos em meio litro de leite, que ferve sobre uma espiriteira. Enquanto espera o leite ferver, um inseto passa por cima do seu braço; você o tira de lá com um peteleco, e ele cai, *poft*! Exatamente no leite. Não há nada a fazer senão jogar o leite fora e ficar sem comida.

Você vai à padaria comprar meio quilo de pão e espera enquanto a atendente corta meio quilo para outro cliente. Ela é desajeitada, corta mais de meio quilo. *"Pardon, monsieur"*, diz, "Imagino que não se importe por ter que pagar dois centavos a mais". Um quilo de pão custa um franco, e você tem exatamente um franco. Quando pensa que pode acontecer também com você, e que, nesse caso, teria que confessar que não tem dois centavos extras, você entra em pânico. Horas passam antes que se atreva a entrar de novo em uma padaria.

Você vai a uma quitanda para gastar um franco em um quilo de batatas. Mas uma das moedas que compõem o franco é belga, e o vendedor a recusa. Você sai da quitanda e nunca mais é capaz de voltar lá.

NA PIOR EM PARIS E LONDRES

Você foi parar em um bairro respeitável e vê um amigo próspero se aproximar. Para evitá-lo, entra depressa no café mais próximo. Uma vez lá dentro, tem que comprar alguma coisa e gasta seus últimos cinquenta centavos em um copo de café puro com uma mosca morta nele. Esses desastres podem se multiplicar por cem. Eles fazem parte do processo de endurecimento.

Você descobre o que é sentir fome. Com pão e margarina no estômago, você sai e vai olhar as vitrinas das lojas. Em todos os lugares há comida o insultando em imensas pilhas de desperdício; porcos inteiros mortos, cestos de baguetes quentes, grandes e amarelos blocos de manteiga, fileiras de linguiças, montanhas de batatas, queijos *gruyère* grandes como rebolos. Uma autopiedade chorosa o invade diante da visão de tanta comida. Você planeja pegar uma baguete e correr, comer tudo antes que o peguem; e se contém por puro desânimo.

Você descobre que o tédio é inseparável da pobreza; muitas vezes não tem nada para fazer e, mal alimentado, não consegue se interessar por nada. Passa metade do dia deitado em sua cama, sentindo-se como o *jeune squelette* no poema de Baudelaire. Só comida é capaz de animá-lo. Você descobre que um homem que passou uma semana a pão e margarina não é mais um homem, é só uma barriga com alguns órgãos acessórios.

Essa – e seria possível continuar descrevendo, mas é tudo mais do mesmo – é a vida com seis francos por dia. Milhares de pessoas em Paris vivem desse jeito – artistas e estudantes sem recursos, prostitutas em períodos de má sorte, desempregados de todos os tipos. São as regiões da pobreza, por assim dizer.

Continuei nesse estilo de vida por umas três semanas. Os 47 francos logo chegaram ao fim, e tive que fazer o que podia com os 36 francos por semana que ganhava com as aulas de inglês. Inexperiente, administrava mal o dinheiro, e às vezes enfrentava um dia sem comida. Quando isso acontecia, eu costumava vender algumas roupas, tirando-as do hotel em pequenos pacotes para levar a uma loja de segunda mão na Rue de la Montagne St. Geneviève. O dono da loja era um judeu ruivo, um homem extraordinariamente desagradável, que costumava ter acessos de fúria diante de um cliente. Quem via suas maneiras podia supor que o ofendíamos indo à loja. "*Merde!*", ele costumava gritar. "Você aqui de novo? O que acha que isto aqui é? Uma cozinha de sopa comunitária?" E ele pagava muito pouco. Deu cinco francos por um chapéu que comprei por 25 xelins e quase nem usei; cinco francos por um bom par de sapatos; pelas camisas, um franco cada. Ele preferia sempre trocar, em vez de comprar, e tinha um truque de colocar um objeto inútil qualquer na mão de uma pessoa e depois fingir que a pessoa o havia aceitado. Uma vez o vi pegar um bom sobretudo de uma senhora, colocar duas bolas brancas de bilhar nas mãos dela e a empurrar para fora da loja antes que ela pudesse protestar. Teria sido um prazer arrebentar o nariz daquele judeu, se eu pudesse me dar a esse luxo.

Essas três semanas foram minguadas e incômodas, e ia piorar, evidentemente, porque em breve venceria o aluguel. Mesmo assim, as coisas não eram nem um quarto de quanto eu esperava que fossem ruins. Porque, quando você encontra a pobreza, faz uma descoberta que supera algumas outras. Você descobre o tédio, as pequenas complicações e o começo da fome, mas também descobre a grande característica redentora da pobreza: ela aniquila o futuro. Dentro de certos limites, é verdade que, quanto menos dinheiro você tem, menos se preocupa. Quando tem cem francos, você fica propenso ao mais terrível pânico. Quando só tem três francos, fica indiferente; porque três francos garantem alimentação até o dia seguinte, e você não pode pensar além disso. Fica aborrecido, mas não sente medo. Você pensa vagamente: "Talvez eu passe fome em um ou dois dias… chocante, não?" E depois a mente vaga para outros assuntos. Uma dieta de pão e margarina fornece seu próprio anódino, em certa medida.

NA PIOR EM PARIS E LONDRES

E tem outro sentimento que é um grande consolo na pobreza. Creio que todo mundo que enfrentou dificuldades já sentiu isso. É um sentimento de alívio, quase de prazer, por saber, finalmente, que se está arrasado. Você falou muitas vezes em chegar ao fundo do poço, e, bem, aí está o fundo do poço, e você chegou lá, e consegue suportar. Isso remove boa parte da ansiedade.

CAPÍTULO 4

Um dia, minhas aulas de inglês pararam bruscamente. O calor aumentava, e um de meus alunos, que se sentia desanimado demais para continuar com as aulas, me dispensou. O outro desapareceu de seu endereço sem aviso, ficou me devendo doze francos. Fiquei com trinta centavos e nenhum tabaco. Passei um dia e meio sem nada para comer ou fumar, e depois, faminto demais para continuar adiando, enfiei as roupas que me restavam na mala e as levei a uma loja de penhores. Isso pôs fim a todo fingimento de ainda ter dinheiro, porque eu não poderia tirar minhas roupas do hotel sem pedir autorização à Madame F. Lembro, porém, como ela ficou surpresa por eu ter pedido sua permissão, em vez de tirar as roupas às escondidas, o que era comum em nossa região.

Era a primeira vez que eu visitava uma loja de penhores francesa. Passava-se por grandiosos portais de pedra (marcados, é claro, com a inscrição *"Liberté, Egalité, Fraternité"*, eles escreviam isso até nas delegacias de polícia da França) para uma grande sala grande e vazia, como uma sala de aula, com um balcão e fileiras de bancos. Quarenta ou cinquenta pessoas esperavam. Alguém entregou um pedido no balcão e foi sentar.

Quando o atendente avaliava os pedidos, dizia: "*Numéro* tal e tal, aceita cinquenta francos?" Às vezes eram só quinze francos, ou dez, ou cinco, qualquer que fosse o valor, a sala inteira sabia. Quando entrei, o atendente dizia como se estivesse ofendido: "*Numéro* 83, aqui!" E assobiou e acenou, como se chamasse um cachorro. O *numéro* 83 aproximou-se do balcão. Era um velho barbudo com um casaco abotoado até o pescoço e calça de bainhas desfiadas. Sem dizer nada, o atendente jogou o pacote em cima do balcão. Evidentemente, não valia nada. O pacote caiu no chão e abriu, exibindo quatro ceroulas masculinas de lã. Ninguém conseguiu segurar o riso. O pobre *numéro* 83 pegou suas ceroulas e saiu resmungando.

As roupas que eu penhorava junto com a mala custaram mais de vinte libras, e estavam em boas condições. Eu achava que deviam valer dez libras, e um quarto disso (um quarto do valor é o que se espera receber em uma loja de penhores) eram duzentos e cinquenta ou trezentos francos. Esperei tranquilo, certo de que receberia duzentos francos, na pior das hipóteses.

Finalmente, o atendente chamou meu número: "*Numéro* 97!"

"Sim." Fiquei em pé.

"Setenta francos?"

Setenta francos por roupas que valiam dez libras! Mas era inútil discutir; já tinha visto alguém tentar argumentar, e o atendente havia recusado imediatamente a solicitação. Peguei o dinheiro e o recibo de penhor e saí. Agora não tinha mais roupas, exceto a que vestia – um casaco bem danificado no cotovelo, um sobretudo moderadamente empenhável e uma camisa extra. Mais tarde, quando já era tarde demais, descobri que era melhor ir a uma loja de penhores à tarde. Os atendentes eram franceses e, como a maioria dos franceses, ficavam de mau humor antes do almoço.

Quando cheguei em casa, Madame F. estava varrendo o chão do bistrô. Ela subiu a escada para me encontrar. Vi nos olhos dela a inquietação por causa do meu aluguel.

"Então, quanto conseguiu pelas roupas? Não muito, não é?"

"Duzentos francos", respondi prontamente.

"*Tiens!*", ela exclamou surpresa, "Ora, nada mal. Essas roupas inglesas devem ser caras!"

A mentira evitou muitos problemas e, estranhamente, acabou se tornando verdade. Alguns dias mais tarde, recebi exatamente duzentos francos que me eram devidos por um artigo de jornal e, embora tenha sido doloroso, usei cada centavo para pagar o aluguel. Assim, embora tenha chegado perto de morrer de fome nas semanas seguintes, não fiquei sem teto.

Agora era absolutamente necessário encontrar trabalho, e me lembrei de um amigo, um garçom russo chamado Boris, que talvez pudesse me ajudar. Eu o conheci na ala pública de um hospital, onde ele fazia um tratamento para artrite na perna esquerda. Ele me disse para procurá-lo se algum dia tivesse dificuldades.

Preciso falar sobre Boris, porque ele era um personagem curioso e foi meu amigo próximo por muito tempo. Era um homem grande, do tipo militar, de cerca de 35 anos, e havia sido bonito, mas, desde que adoeceu, ele engordou muito por ficar deitado na cama. Como muitos refugiados russos, ele teve uma vida de aventuras. Os pais, mortos na Revolução, eram ricos, e ele serviu na guerra na Segunda Divisão Siberiana de Rifles, que, de acordo com ele mesmo, era o melhor regimento do Exército russo. Depois da guerra, ele trabalhou primeiro em uma fábrica de escovas, depois como carregador no Les Halles, depois se tornou lavador de pratos, e finalmente foi promovido a garçom. Quando adoeceu, ele estava no Hôtel Scribe e ganhava cem dólares por dia em gorjetas. Sua ambição era se tornar *maître d'hôtel*, economizar cinquenta mil francos e abrir um pequeno e seleto restaurante na Margem Direita.

Boris sempre falava sobre a guerra como se tivesse sido o período mais feliz de sua vida. Guerra e exército eram suas paixões; ele havia lido inúmeros livros sobre estratégia e história militar e podia contar tudo sobre as teorias de Napoleon, Kutuzof, Clausewitz, Moltke e Foch. Qualquer coisa que tivesse relação com soldados o agradava. Seu café favorito era o

Gloserie des Lilas em Montparnasse, simplesmente por causa da estátua do Marechal Ney do lado de fora. Mais tarde, Boris e eu fomos algumas vezes à Rue de Commerce. Se íamos de metrô, Boris sempre descia na estação Cambronne, em vez da Commerce, embora a Commerce fosse mais próxima; ele gostava da associação com o General Cambronne, que, chamado a render-se em Waterloo, respondeu simplesmente: *"Merde!"*

As únicas coisas que a Revolução deixou para Boris foram as medalhas e algumas fotografias de seu antigo regimento; ele as havia guardado quando todo o resto foi para a loja de penhores. Quase todos os dias, espalhava as fotos sobre a cama e falava sobre elas:

Voilà, mon ami. *Aqui você me vê no comando de minha companhia. Homens grandes, não? Não são como esses ratinhos dos franceses. Capitão aos 20 anos... Nada mal, hein? Sim, capitão da Segunda Siberiana de Rifles; e meu pai era coronel.*

Ah, mais mon ami, *os altos e baixos da vida! Um capitão no exército russo, e então, puf! A revolução, e cada centavo se foi. Em 1916, passei uma semana no Hôtel Édouard Sept; em 1920, estive lá para tentar conseguir um emprego de vigia noturno. Já fui vigia noturno, adegueiro, lavador de chão, lavador de pratos, carregador, atendente de lavatório. Dei gorjeta a garçons e recebi gorjetas de garçons.*

Ah, mas eu soube o que é viver como um cavalheiro, mon ami. *Não digo isso para me gabar, mas outro dia estava tentando contar quantas amantes tive na vida, e concluí que foram mais de duzentas. Sim, pelo menos duzentas... Ah, bem,* ça reviendra. *A vitória é daquele que luta por mais tempo. Coragem!*

Boris tinha uma natureza estranha, mutante. Sempre quis voltar ao exército, mas também havia sido garçom por tempo suficiente para adquirir o jeito de garçom. Embora nunca tivesse economizado mais que alguns mil francos, tinha certeza de que, no fim, conseguiria montar o próprio restaurante e enriquecer. Mais tarde descobri que todos os garçons falam e pensam nisso; é o que os torna resignados com o trabalho de garçom. Boris falava de um jeito interessante sobre a vida no Hôtel:

"Servir é um jogo", costumava dizer, *"você pode morrer pobre, e pode fazer fortuna em um ano. Não tem salário, depende de gorjetas – dez por cento da conta e uma comissão das vinícolas sobre rolhas de champanhe. Às vezes as gorjetas são enormes. O barman no Maxim's, por exemplo, ganha quinhentos francos por dia. Mais de quinhentos, na alta temporada... eu ganhava duzentos francos por dia. Foi no Hôtel em Biarritz, na alta temporada. Todo o estafe, do gerente aos plongeurs, todos trabalhavam vinte e uma horas por dia. Vinte e uma horas de trabalho e duas horas e meia na cama, por um mês inteiro. Mas, por duzentos francos por dia, valia a pena.*

"Você nunca sabe quando vai haver um golpe de sorte. Uma vez, quando eu estava no Hôtel Royal, um cliente americano mandou me chamar antes do jantar e pediu vinte e quatro coquetéis de conhaque. Levei todos eles em uma bandeja, em vinte e quatro copos. "Agora, guarçon", disse o cliente (ele estava bêbado), "eu vou beber doze, e você vai beber doze, e se conseguir andar até a porta depois disso, ganha cem francos." Eu andei até a porta, e ele me deu cem francos. E durante seis dias, todas as noites, ele fez a mesma coisa; doze coquetéis de conhaque, depois cem francos. Alguns meses mais tarde, ouvi dizer que ele havia sido extraditado pelo governo americano por fraude. Tem alguma coisa boa nesses americanos, não acha?"

Eu gostava de Boris, e tivemos momentos interessantes juntos, jogando xadrez e falando sobre a guerra e Hôtels. Boris sempre sugeria que eu devia ser garçom. "Essa vida combinaria com você", costumava dizer; "quando está trabalhando, ganhando cem francos por dia e tem uma boa amante, não é ruim. Você diz que gosta de escrever. Escrever é bobagem. Só tem um jeito de ganhar dinheiro com livros, e é se casando com a filha do dono de uma editora. Mas você seria um bom garçom se raspasse esse bigode. É alto e fala inglês, e essas são as duas coisas principais de que um garçom precisa. Espere até eu conseguir dobrar essa maldita perna, *mon ami*. Então, se ainda estiver desempregado, venha me procurar".

Agora que estava sem dinheiro para o aluguel e passando fome, me lembrei da promessa de Boris e decidi ir procurá-lo imediatamente. Não tinha esperança de me tornar garçom com aquela facilidade que ele havia prometido, mas é claro que sabia lavar pratos, e ele poderia arrumar um emprego para mim na cozinha, sem dúvida. Uma vez ele tinha dito que empregos de lavador de pratos estavam sempre disponíveis, durante o verão. Foi um grande alívio lembrar que eu tinha um amigo influente, afinal, a quem recorrer.

CAPÍTULO 5

Pouco tempo atrás, Boris me deu um endereço na Rue du Marché des Blancs Manteaux. Tudo que disse na carta foi que "as coisas não iam tão mal", e presumi que ele havia voltado ao Hôtel Scribe ganhando seus cem francos por dia. Fiquei cheio de esperança e me perguntei por que tinha cometido a bobagem de não ir procurar Boris antes. Eu me vi em um restaurante aconchegante, com cozinheiros alegres cantando canções de amor enquanto quebravam ovos em uma panela, comendo cinco refeições por dia. Até gastei dois francos e cinquenta centavos em um maço de Gaulois Bleu, antecipando o salário.

De manhã, me dirigi à Rue du Marché des Blancs Manteaux; chocado, descobri que era uma rua secundária tão ruim quanto a minha. O hotel de Boris era o mais sujo da cidade. Passava pela porta escura um cheiro horrível, azedo, mistura de coisas derramadas e sopa industrializada – Bouillon Zip, vinte e cinco centavos o pacote. Fiquei apreensivo. Pessoas que tomavam Bouillon Zip estavam passando fome, ou perto disso. Boris podia estar ganhando cem francos por dia? Um *patron* carrancudo sentado no escritório me disse que sim, o russo estava em casa, no sótão. Subi seis

NA PIOR EM PARIS E LONDRES

lances de escada estreita e encurvada, e o cheiro de Bouillon Zip ficava mais forte à medida que eu subia. Boris não respondeu quando bati à porta, por isso a abri e entrei.

O quarto era um sótão de três metros quadrados iluminado apenas por uma claraboia, e os móveis eram uma cama estreita de ferro, uma cadeira e um lavatório com uma perna desnivelada. Uma longa fila em S de insetos marchava lentamente pela parede acima da cama. Boris dormia nu, e sua barriga formava um monte embaixo do lençol sujo.

O peito era marcado por mordidas de insetos. Quando entrei, ele acordou, esfregou os olhos e gemeu profundamente.

"Em nome de Jesus Cristo", exclamou. "Jesus Cristo, minhas costas! Inferno, acho que quebrei as costas!"

"Que foi?", perguntei.

"Minhas costas estão destruídas, só isso. Passei a noite no chão. Em nome de Jesus Cristo! Se soubesse como estão minhas costas!"

"Meu caro Boris, está doente?"

"Doente não, só faminto... sim, vou morrer de fome se continuar assim por muito mais tempo. Além de dormir no chão, faz semanas que vivo com dois francos por dia. Veio em um mau momento, *mon ami.*"

Achei que não fazia muito sentido perguntar se Boris ainda trabalhava no Hôtel Scribe. Desci a escada correndo e comprei um pão. Boris devorou metade dele, e depois disso se sentiu melhor, sentou na cama e me contou o que estava acontecendo com ele. Não conseguiu encontrar um emprego depois que saiu do hospital, porque ainda estava muito fraco, e gastou todo o seu dinheiro e penhorou tudo que tinha, e finalmente passava fome há vários dias. Durante uma semana, ele dormiu no cais sob a Pont d'Austerlitz, entre alguns barris de vinho vazios. Fazia duas semanas que estava naquele quarto, junto com um judeu, um mecânico. Pelo que entendi (ele deu uma explicação complicada), o judeu devia trezentos francos a Boris e pagava a dívida deixando-o dormir no chão e dando a ele dois francos por dia para a comida. Dois francos eram suficientes para uma xícara de café e três pãezinhos. O judeu saía para trabalhar às sete da manhã, e então Boris trocava o lugar onde dormia (que ficava embaixo da claraboia, o que o deixava na chuva) pela cama. Também não dormia muito nela, por causa dos insetos, mas era melhor que o chão para suas costas.

Foi uma grande decepção ir procurar Boris para pedir ajuda e encontrá-lo em situação pior que a minha. Expliquei que só me restavam sessenta francos e que precisava arrumar um emprego imediatamente. A essa altura, porém, Boris tinha comido o que restava do pão e se sentia animado e falante. Ele disse despreocupado:

– Céus, por que está preocupado? Sessenta francos, isso é uma fortuna! Por favor, pegue aquele sapato, *mon ami*. Vou matar uns insetos, se eles se aproximarem de mim.

– Mas acha que existe alguma chance de arrumar um emprego?

– Chance? Certeza! Na verdade, já tenho alguma coisa. Tem um novo restaurante russo que foi aberto há alguns dias na Rue du Commerce. É *une chose entendue* que serei o *maître d'hôtel*. Posso arrumar um emprego para você na cozinha sem nenhuma dificuldade. Quinhentos francos por mês e a comida – e gorjetas também, se tiver sorte.

– Mas até lá? Logo vou ter que pagar meu aluguel.

– Ah, vamos achar alguma coisa. Tenho algumas cartas na manga. Pessoas que me devem dinheiro, por exemplo, Paris está cheia delas. Não vai demorar para alguém pagar. E pense em todas as mulheres que foram minhas amantes! Uma mulher nunca esquece, você sabe... só preciso pedir, e elas vão me ajudar. Além do mais, o judeu disse que vai roubar uns magnetos da oficina onde trabalha, e podemos ganhar cinco francos por dia limpando as peças antes de ele as vender. Só isso já nos manteria. Não se preocupe, *mon ami*. Nada é mais fácil que arrumar dinheiro.

– Bem, vamos sair agora e procurar um emprego.

– Logo, *mon ami*. Não tenha medo, não vamos morrer de fome. Isso é só o desenrolar da guerra, já estive em situação pior muitas vezes. É só uma questão de persistir. Lembre-se do lema de Foch: '*Attaquez! Attaquez! Attaquez!*'

Era meio-dia quando Boris decidiu levantar. Toda as roupas que ele ainda tinha eram um terno, uma camisa, colarinho e gravata, e um par de sapatos quase arruinado, além de um par de meias cheio de buracos. Também havia um sobretudo que seria penhorado em caso de extrema necessidade. Boris tinha uma mala, uma coisa de papelão em péssimo estado de vinte francos, mas muito importante, porque o *patron* do hotel acreditava que ela estava cheia de roupas. Sem isso, ele provavelmente teria posto Boris na rua. O que a mala realmente continha eram medalhas e fotografias, objetos variados e enormes maços de cartas de amor. Apesar de tudo isso, Boris conseguia manter uma boa aparência. Fazia a barba sem espuma e com uma lâmina que usava há dois meses, dava o nó na gravata de forma a esconder os furos e recheava cuidadosamente as solas dos sapatos com jornal. Finalmente, quando terminou de se vestir, ele pegou um frasco de tinta e pintou a pele do tornozelo que aparecia pelos buracos das meias. E quando ficou pronto, ninguém imaginaria que ele havia dormido embaixo das pontes do Sena recentemente.

Fomos a um pequeno café na Rue de Rivoli, um conhecido local de encontro de gerentes e funcionários de hotel. No fundo dele havia uma sala escura onde se via todo tipo de trabalhadores de hotel – jovens garçons elegantes, outros nem tão elegantes e evidentemente famintos, cozinheiros gordos e rosados, lavadores de pratos engordurados, faxineiras velhas e cansadas. Havia um copo intocado de café puro diante de cada um deles. O lugar era, na verdade, uma agência de empregos, e o dinheiro gasto com bebidas era a comissão do *patron*. De vez em quando um homem forte, de aparência importante, obviamente um *restaurateur*, entrava e falava com o barman, e o barman chamava uma das pessoas na sala dos fundos do café. Mas ele nunca me chamou, nem Boris, e fomos embora depois de duas horas, porque a etiqueta determinava que só se podia ficar duas horas por uma bebida. Mais tarde, tarde demais, soubemos que era preciso subornar o barman; quem podia dispor de vinte francos, geralmente arrumava um emprego.

Fomos ao Hôtel Scribe e esperamos uma hora na calçada, torcendo para o gerente sair, mas ele não saiu. Depois nos arrastamos até a Rue du Commerce, onde descobrimos que o novo restaurante russo, que passava por uma reformulação, estava fechado, e o *patron* estava fora. Já era noite. Tínhamos andado quatorze quilômetros, e estávamos tão cansados que fomos obrigados a gastar um franco e cinquenta para voltar para casa de metrô. Andar era um tormento para Boris com sua perna manca, e o otimismo dele foi desaparecendo com o passar do dia. Quando saiu do metrô na Place d'Italie, ele estava deprimido. Começou a dizer que era inútil procurar trabalho, que só restava o crime.

– Melhor roubar que morrer de fome, *mon ami*. Muitas vezes planejei algo assim. Um americano gordo, rico... um canto escuro em uma viela em Montparnasse... uma pedra dentro de uma meia... pá! Depois é revirar os bolsos dele e correr. Não acha que é viável? Eu não hesitaria. Já fui um soldado, lembre-se. – No fim ele desistiu do plano, porque nós dois éramos estrangeiros e fáceis de reconhecer.

Quando voltamos ao meu quarto, gastamos mais um franco e cinquenta em pão e chocolate. Boris devorou a parte dele e se animou imediatamente como num passe de mágica; a comida parecia agir em seu organismo tão rapidamente quanto um coquetel. Ele pegou um lápis e começou a fazer uma lista de pessoas que, provavelmente, nos dariam um emprego. Havia dezenas delas, disse.

– Amanhã encontraremos alguma coisa, *mon ami*, eu sinto. A sorte sempre muda. Além do mais, nós dois somos inteligentes, um homem inteligente não morre de fome. O que se pode fazer com inteligência! Inteligência cria dinheiro do nada. Uma vez tive um amigo, um polonês, um verdadeiro gênio; e o que acha que ele costumava fazer? Comprava um anel de ouro e o penhorava por quinze francos. Depois, você sabe como os funcionários são descuidados quando preenchem os recibos, onde o funcionário tinha escrito "*en or*", ele acrescentava "*et diamants*" e mudava "quinze francos" para "mil e quinhentos". Inteligente, não? Depois disso, ele conseguia um empréstimo de mil francos com a garantia do recibo. Isso é o que eu chamo de inteligência...

Boris passou o resto da noite esperançoso, falando do tempo que passaríamos juntos quando fôssemos garçons em Nice ou Biarritz, em como teríamos bons quartos e dinheiro suficiente para ter amantes. Ele estava cansado demais para andar três quilômetros até seu hotel, por isso dormiu no chão do meu quarto, com os sapatos embrulhados no casaco fazendo as vezes de travesseiro.

CAPÍTULO 6

No dia seguinte, não conseguimos arrumar emprego de novo, e três semanas passaram antes que a sorte mudasse. Graças aos meus duzentos francos, não tive problemas com o aluguel, mas todo o resto estava tão ruim quanto era possível. Todos os dias, Boris e eu percorríamos Paris, andando três quilômetros por hora no meio das pessoas, entediados e com fome, e não encontrávamos nada. Lembro que um dia atravessamos o Sena onze vezes. Passávamos horas do lado de fora de entradas de serviço e, quando o gerente saía, o abordávamos humildes, de chapéu na mão. Sempre recebíamos a mesma resposta: eles não queriam um homem deficiente e outro sem experiência. Uma vez, quase fomos contratados. Enquanto conversávamos com o gerente, Boris se manteve ereto, sem se apoiar na bengala, e o gerente não viu que ele tinha uma deficiência.

– Sim – ele disse –, precisamos de dois homens na adega. Talvez vocês sirvam. Venham, entrem. – Então Boris se moveu, e o jogo acabou. – Ah – disse o gerente –, você manca. *Malheureusement...*

Fizemos inscrições em agências e respondemos a anúncios, mas andar a pé para todos os lados nos tornava lentos, e era como se perdêssemos todas as vagas por meia hora. Uma vez, quase conseguimos trabalho varrendo vagões de trem, mas fomos preteridos no último momento por um francês. Uma vez respondemos a um anúncio que pedia ajudantes para um circo. O trabalho era mudar os bancos de lugar e recolher o lixo e, durante o espetáculo, ficar em pé sobre dois tocos e deixar um leão saltar entre suas pernas. Quando chegamos ao local, uma hora antes do horário determinado, já havia uma fila de espera de quinze homens. Os leões têm alguma atração, evidentemente.

Uma vez, uma agência em que eu tinha feito inscrição meses antes enviou um *petit bleu* informando sobre um cavalheiro italiano que queria aulas de inglês. O *petit bleu* dizia "Apresente-se imediatamente" e prometia vinte francos por hora. Boris e eu ficamos desesperados. Era uma chance esplêndida, e eu não podia agarrá-la, porque não podia ir à agência com o paletó rasgado no cotovelo. Então pensamos que eu poderia usar o paletó de Boris. Não combinava com minha calça, mas a calça era cinza e podia passar por flanela, a uma distância curta. O casaco era tão grande para mim que tive de usá-lo desabotoado e manter uma das mãos no bolso. Saí apressado e gastei setenta e cinco centavos em uma passagem de ônibus para chegar à agência. Quando cheguei lá, descobri que o italiano tinha mudado de ideia e deixado Paris.

Uma vez Boris sugeriu que eu deveria ir ao Les Halles e procurar um emprego de carregador. Cheguei lá às quatro e meia da manhã, quando o trabalho estava começando. Vi um homem baixinho de chapéu-coco orientando alguns carregadores, me aproximei dele e pedi um emprego. Antes de responder, ele segurou minha mão direita e apalpou a palma.

– Você é forte, hein? – disse.

– Muito forte – menti.

– *Bien*. Levanta aquilo ali, quero ver.

Era um enorme cesto de vime cheio de batatas. Segurei o cesto e descobri que, muito longe de levantá-lo, eu não conseguia nem tirar o cesto do lugar. O homem de chapéu-coco me observava e, dando de ombros, ele se afastou. Fui embora. Eu tinha me afastado bem quando olhei para trás e vi quatro homens carregando o cesto para uma carroça. Devia pesar uns trezentos quilos. O homem havia percebido que eu não teria utilidade ali e usou o subterfúgio para se livrar de mim.

Às vezes, em seus momentos de esperança, Boris gastava cinquenta centavos em um selo e escrevia para uma de suas ex-amantes pedindo dinheiro. Só uma delas respondeu. Era uma mulher que, além de ter sido sua amante, devia a ele duzentos francos. Quando Boris viu a carta e reconheceu a caligrafia, ficou muito esperançoso. Pegamos a carta e corremos ao quarto dele para ler, como uma criança com doces roubados. Boris leu a carta, depois a entregou a mim em silêncio. Ela dizia:

Meu Lobinho de Cheshire:

Com que alegria abri tua carta encantadora, que me lembrava de nossos dias de amor perfeito e dos beijos tão queridos que recebi de teus lábios. Essas lembranças ficam para sempre no coração, como o perfume de uma flor que está morta.

Quanto ao teu pedido de duzentos francos, ah! É impossível. Tu não sabes, meu querido, como estou arrasada com a notícia de tuas dificuldades. Mas o que se pode fazer? Nesta vida tão triste, problemas acontecem a todos. Também tenho os meus. Minha irmãzinha esteve enferma (ah, a pobrezinha, como sofreu!) e fomos obrigadas a pagar nem sei quanto ao médico. Todo o nosso dinheiro se foi e estamos vivendo, te asseguro, dias muito difíceis.

Coragem, meu lobinho, tem sempre coragem! Lembra-te de que os maus dias não são eternos, e o problema que parece tão terrível vai desaparecer, afinal.

Tem certeza, meu caro, de que me lembrarei de ti para sempre. E recebe os mais sinceros abraços daquela que nunca deixou de te amar, tua

Yvonne

NA PIOR EM PARIS E LONDRES

A carta desapontou Boris de tal maneira que ele foi para a cama e não voltou a procurar emprego naquele dia. Meus sessenta francos duraram uns quinze dias. Eu tinha desistido de fingir que ia a restaurantes, e comia em meu quarto, um de nós sentado na cama, o outro, na cadeira. Boris contribuía com seus dois francos, e eu com três ou quatro, e comprávamos pão, batatas, leite e queijo, e fazíamos sopa na minha espiriteira. Tínhamos uma panela, uma caneca de café e uma colher; todos os dias havia uma disputa cheia de cortesia sobre quem comeria da panela e quem ficaria com a caneca (na panela cabia mais), e todos os dias, para minha raiva secreta, Boris cedia primeiro e ficava com a panela. Às vezes tínhamos mais pão à noite, às vezes, não. A roupa de cama estava ficando imunda, e fazia três semanas que eu não tomava um banho; Boris disse que não tomava banho há meses. Era o tabaco que tornava tudo tolerável. Tínhamos muito tabaco, porque, algum tempo atrás, Boris havia conhecido um soldado (os soldados têm cigarros de graça) e comprado vinte ou trinta maços por cinquenta centavos cada.

E isso era muito pior para o Boris do que para mim. Andar tanto e dormir no chão causavam dor constante na perna e nas costas, e com seu vasto apetite russo, ele era atormentado pela fome, embora nunca emagrecesse. De maneira geral, estava surpreendentemente alegre, e tinha uma enorme capacidade de manter a esperança. Ele costumava dizer muito sério que tinha um santo padroeiro que olhava por ele, e, quando as coisas ficavam muito ruins, ia procurar dinheiro na sarjeta, afirmando que o santo sempre deixava uma nota de dois francos por lá. Um dia, estávamos esperando na Rue Royale; havia um restaurante russo perto dali, e íamos lá pedir emprego. De repente, Boris decidiu entrar na Madeleine e acender uma vela de cinquenta centavos para seu santo padroeiro. Depois, ao sair, ele anunciou que era melhor garantir e aproximou o fósforo de um selo de cinquenta centavos, como um sacrifício para os deuses imortais. Talvez deuses e santos não se dessem bem; de qualquer maneira, não conseguimos o emprego.

Em algumas manhãs, Boris desabava no mais completo desânimo. Ficava deitado na cama quase chorando, amaldiçoando o judeu com quem morava. Recentemente, o judeu se recusava a pagar os dois francos diários e, pior, começou a adotar ares insuportáveis de superioridade. Boris disse que eu, um inglês, não poderia imaginar que tortura era para um russo de família ficar à mercê de um judeu.

– Um judeu, *mon ami*, um judeu de verdade! E ele não tem nem a decência de se envergonhar disso. E pensar que eu, um capitão do exército russo... já contei, *mon ami*, que fui capitão da Segunda Siberiana de Rifles? Sim, fui capitão, e meu pai era coronel. E estou aqui, comendo o pão de um judeu. Um judeu...

"Vou lhe dizer como são os judeus. Uma vez, nos primeiros meses da guerra, estávamos em marcha e tínhamos parado em um vilarejo para passar a noite. Um horrível velho judeu, um homem com uma barba vermelha como a de Judas Iscariotes, apareceu no meu alojamento. Perguntei o que ele queria. 'Excelência', ele disse, 'trouxe uma garota, uma bela e jovem garota de apenas 17 anos. São só cinquenta francos'. 'Obrigado', respondi, 'pode levá-la embora. Não quero pegar nenhuma doença'. 'Doença!', exclamou o judeu, *'mais, monsieur le capitaine*, não há risco. É minha filha!' Esse é o caráter do judeu.

"Já lhe contei, *mon ami*, que, no antigo exército russo, era condenável cuspir em um judeu? Sim, achávamos que a saliva de um oficial russo era preciosa demais para ser desperdiçada com judeus..."

Nesses dias, Boris anunciou que estava doente demais para sair e procurar emprego. Ficava deitado até o anoitecer nos lençóis encardidos, cheios de insetos, fumando e lendo jornais velhos. Às vezes jogávamos xadrez. Não tínhamos tabuleiro, mas escrevíamos os movimentos em um pedaço de papel, e depois criamos um tabuleiro com a lateral de uma caixa de embalagem. As peças eram botões, moedas belgas, coisas assim. Como muitos russos, Boris tinha paixão por xadrez. Ele costumava dizer que as regras do xadrez eram as mesmas regras do amor e da guerra, e que se você consegue ganhar um deles, pode ganhar nos outros. Mas ele também dizia que, se você tem um tabuleiro de xadrez, não se importa com a fome, o que certamente não era verdade, no meu caso.

CAPÍTULO 7

Meu dinheiro minguou – para oito francos, para quatro francos, para um franco, para vinte e cinco centavos; e vinte e cinco centavos são inúteis, porque não compram nada além de um jornal. Passamos vários dias comendo pão puro, e depois eu passei dois dias e meio sem nada para comer. Foi uma experiência feia. Tem gente que faz jejuns de cura de três semanas ou mais, e essas pessoas dizem que jejuar é bem agradável, depois do quarto dia; não sei, nunca fui além do terceiro. Provavelmente, é diferente quando se faz jejum voluntariamente e não se estava malnutrido antes disso.

No primeiro dia, inerte demais para procurar emprego, pedi uma vara emprestada e fui pescar no Sena, usando moscas varejeiras como isca. Esperava pegar o suficiente para uma refeição, mas é claro que não consegui. O Sena é cheio de peixes, mas eles se tornaram esquivos durante o cerco a Paris, e nenhum deles foi pescado desde então, exceto com redes. No segundo dia, pensei em penhorar meu casaco, mas achei que a loja de penhores ficava muito longe para ir a pé e passei o dia na cama, lendo *As memórias de Sherlock Holmes*. Era tudo que eu me sentia capaz de fazer, sem comida. A fome reduz o indivíduo a uma condição de fraqueza e total ausência de inteligência, mais parecida com as consequências de uma forte gripe que qualquer outra coisa. É como ser transformado em água-viva, ou como ter todo o sangue drenado do corpo e substituído por água morna. A inércia completa é minha principal lembrança da fome. Isso é a necessidade de cuspir frequentemente, um cuspe curiosamente branco e viscoso. Não sei por que é assim, mas todo mundo que passou fome vários dias notou isso.

Na terceira manhã, eu me sentia muito melhor. Percebi que tinha que fazer alguma coisa imediatamente, e decidi ir pedir os dois francos de Boris emprestados por um ou dois dias. Quando cheguei, encontrei Boris na cama, furioso. Assim que entrei, ele explodiu quase sufocando:

– Ele pegou de volta, o ladrão sujo! Ele pegou de volta!

– Quem pegou o quê? – perguntei.

– O judeu! Pegou meu dois francos, o cachorro, ladrão! Ele me roubou enquanto eu dormia!

Aparentemente, na noite anterior o judeu se recusara abertamente a pagar os dois francos diários. Eles discutiram e brigaram, e no fim o judeu concordara em dar o dinheiro; e o entregara, sendo Boris, da maneira mais ofensiva, fazendo um discurso sobre como era generoso e exigindo gratidão. E depois, de manhã, roubara o dinheiro de volta antes de Boris acordar.

Esse foi um duro golpe. Fiquei terrivelmente desapontado, porque tinha permitido à minha barriga esperar comida, um grande erro para quem está com fome. Porém, para minha surpresa, Boris estava longe de se desesperar. Ele sentou na cama, acendeu o cachimbo e analisou a situação.

– Escute bem, *mon ami*, isso é complicado. Só temos 25 centavos juntos, e duvido que o judeu volte a pagar meus dois francos. De qualquer maneira, o comportamento dele está ficando insuportável. Acredita que outro dia ele teve a indecência de trazer uma mulher aqui, enquanto eu estava deitado no chão? O animal rastejante! E tenho uma coisa pior para contar. O judeu pretende ir embora daqui. Ele deve uma semana de aluguel, e a intenção é não pagar e me empurrar essa dívida ao mesmo tempo. Se o judeu fugir, vou ficar sem teto, e o *patron* vai confiscar minha mala para cobrir o aluguel, maldito! Temos que tomar uma atitude drástica.

– Certo. Mas o que podemos fazer? Acho que a única solução é penhorar os casacos e comprar comida.

– Vamos fazer isso, é claro, mas primeiro tirar minhas coisas daqui antes. Quando penso em minhas fotografias confiscadas! Bem, tenho um plano. Vou me adiantar ao judeu e fugir antes. *F... le camp...* retirada, sabe? Acho que essa é a atitude correta, não?

– Mas, meu querido Boris, como vai conseguir, à luz do dia? Vai acabar sendo pego.

– Ah, isso exige estratégia, é claro. Nosso *patron* está sempre vigiando para não deixar ninguém sair sem pagar o aluguel; já aconteceu antes. Ele e a esposa se revezam na recepção noite e dia, os franceses miseráveis! Mas pensei em um jeito de sair, se você ajudar.

Não me sentia com muita disposição para ser prestativo, mas perguntei a Boris qual era o plano. Ele explicou detalhadamente.

– Escute bem. Temos que começar penhorando os casacos. Primeiro, você volta ao seu quarto e pega o sobretudo, depois volta aqui e pega o meu, e o leva para fora escondido embaixo do seu. Leve os dois à loja de penhores na Rue des Francs Bourgeois. Vai conseguir uns vinte francos pelos dois, com sorte. Depois, desça às margens do Sena e encha os bolsos com pedras, e as traga aqui para pôr na minha mala. Está entendendo a ideia? Vou embrulhar todas as minhas coisas que eu conseguir carregar em um jornal, descer e perguntar ao *patron* onde fica a lavanderia mais próxima. Vou me comportar de um jeito bem casual e ousado, e é claro que o *patron* vai pensar que o pacote só tem roupa suja. Ou, se desconfiar de alguma coisa, ele vai fazer o que sempre faz, o mesquinho dissimulado; vai subir ao meu quarto e testar o peso da mala. E, quando sentir o peso das pedras, vai deduzir que ela ainda está cheia. Estratégico, não? Mais tarde eu volto e tiro as outras coisas daqui nos bolsos.

– E a mala?

– Ah, vamos ter que abandonar. É uma coisa miserável, só custou vinte francos. Além do mais, sempre é preciso abandonar alguma coisa em uma retirada. Pense em Napoleão no Beresina! Ele abandonou seu exército inteiro.

Boris estava tão satisfeito com seu plano (que ele chamava de *une ruse de guerre*) que quase esqueceu que estava com fome. O principal ponto fraco, o fato de que não teria um lugar para dormir depois da fuga, ele ignorava.

No início, o *ruse de guerre* funcionou bem. Fui para casa e peguei meu casaco (o que significou nove quilômetros a pé de barriga vazia), depois tirei o casaco de Boris do quarto dele com sucesso. Então, houve um problema. O atendente da loja de penhores, um homenzinho horroroso, de cara amarrada e intrometido, um típico funcionário francês, recusou os casacos por não estarem embrulhados. Disse que tinham de ser postos em uma valise ou caixa de papelão. Isso estragou tudo, porque não tínhamos nenhum tipo de caixa, e com apenas vinte e cinco centavos não podíamos comprar uma.

Voltei para dar a má notícia a Boris.

– *Merde!* – ele disse. – Isso complica tudo. Bem, não importa, sempre existe uma saída. Vamos pôr os casacos na minha mala.

– Mas como vai passar pelo *patron* com a mala? Ele está sentado quase na porta do escritório. É impossível!

– Você se desespera com muita facilidade, *mon ami*! Onde está aquela obstinação inglesa de que ouvi falar? Coragem! Vamos conseguir.

Boris pensou um pouco e criou outro plano ardiloso. A principal dificuldade era desviar a atenção do *patron* por cinco segundos, talvez, enquanto passávamos com a mala. Mas acontece que o *patron* tinha um ponto fraco: ele se interessava por *Le Sport* e estava sempre pronto a conversar com quem tocasse no assunto. Boris leu um artigo sobre provas de ciclismo em uma edição antiga do *Petit Parisien*, depois desceu a escada e conseguiu puxar conversa com o *patron*. Enquanto isso, eu esperava ao pé da escada, com os sobretudos embaixo de um braço e a mala embaixo do outro. Boris tossiria quando identificasse um momento favorável. Esperei tremendo, porque, a qualquer momento, a esposa do *patron* poderia sair da sala na frente do escritório, e então o jogo chegaria ao fim. No entanto, Boris tossiu. Passei rapidamente pelo escritório e saí, aliviado por meus sapatos não rangerem. O plano poderia ter falhado, se Boris fosse mais magro, porque seus ombros grandes bloqueavam a porta do escritório. Sua tranquilidade também foi maravilhosa; ele continuou rindo e conversando normalmente, e tão alto que encobria qualquer barulho que eu fizesse. Quando me afastei bastante, ele foi me encontrar na esquina, e nós fugimos.

E, depois de todo esse trabalho, o atendente da loja de penhores recusou os casacos de novo. Ele me disse (e era possível ver sua alma francesa se revelando na arrogância da declaração) que eu não tinha documentos suficientes para me identificar; minha *carte d'identité* não era suficiente, e eu precisava mostrar um passaporte ou envelopes endereçados. Boris tinha envelopes endereçados aos montes, mas sua *carte d'identité* estava vencida (ele nunca a renovou para não ter que pagar a taxa), por isso não pudemos penhorar os casacos no nome dele. Só nos restou andar até meu quarto, pegar os documentos necessários e levar os casacos à loja de penhores na Boulevard Port Royal.

Deixei Boris no meu quarto e fui à loja de penhores. Quando cheguei lá, a encontrei fechada e descobri que só voltaria a abrir às quatro da tarde. Era uma e meia, e eu tinha andando doze quilômetros depois de sessenta horas sem comer. O destino parecia estar fazendo uma série de piadas extremamente sem graça.

Então, a sorte mudou como que por milagre. Eu voltava para casa pela Rue Broca quando, de repente, vi brilhar entre as pedras do calçamento uma moeda de cinco francos. Peguei o dinheiro, corri para casa e comprei meio quilo de batatas. Só havia álcool suficiente na espiriteira para escaldar as batatas, e não tínhamos sal, mas devoramos todas elas com casca e tudo.

Na pior em Paris e Londres

Depois disso nos sentimos novos homens e ficamos jogando xadrez até a loja de penhores abrir.

Às quatro da tarde eu voltei à loja de penhores. Não tinha muita esperança, porque, se havia conseguido só setenta francos antes, o que poderia esperar por dois sobretudos velhos em uma mala de papelão? Boris tinha calculado uns vinte francos, mas eu achava que seriam dez, ou até cinco. Pior ainda, talvez fossem recusados, como o pobre *Numéro* 83 anteriormente. Sentei no banco da frente para não ver as pessoas rir quando o atendente oferecesse cinco francos. Finalmente, o balconista chamou meu número:

– *Numéro* 117!

– Sim. – Fiquei em pé.

– Cinquenta francos?

Foi um choque quase tão grande quanto os setenta francos anteriores. Acredito agora que o atendente confundiu meu número com o de outra pessoa, porque não podia vender os casacos por cinquenta francos. Corri para casa e entrei no quarto com as mãos para trás, sem dizer nada. Boris brincava com o tabuleiro de xadrez. Ele levantou a cabeça ansioso.

– Quanto conseguiu? – perguntou. – Que foi, não foram vinte francos? Conseguiu pelo menos dez francos, certamente. *Nom de Dieu*, cinco francos… é muito pouco. *Mon ami*, não me diga que foram cinco francos. Se disser que foram cinco francos, vou começar realmente a pensar em suicídio.

Joguei a nota de cinquenta francos em cima da mesa. Boris ficou branco como papel, depois levantou com um pulo, agarrou minha mão e a apertou até quase quebrar meus ossos. Saímos depressa, compramos pão e vinho, um pedaço de carne, álcool para o fogão improvisado, e nos empanturramos.

Depois de comer, Boris ficou otimista como eu nunca o tinha visto.

– O que foi que eu disse? – perguntou. – A sorte da guerra! Hoje de manhã tínhamos vinte e cinco centavos, e agora, olhe para nós. Sempre disse isso, não tem nada mais fácil que conseguir dinheiro. E isso me faz lembrar, tenho um amigo na Rue Fondary que podemos ir procurar. Ele me enganou, roubou quatrocentos francos, o ladrão. É o maior ladrão que existe quando está sóbrio, mas é curioso, ele fica honesto quando bebe. Acho que às seis da tarde ele já deve estar bêbado. Vamos procurá-lo. É bem provável que ele pague uns cem dessa conta. *Merde!* Ele pode pagar uns duzentos. *Allons-y!*

Fomos à Rue Fondary e encontramos o homem, que estava bêbado, mas não conseguimos nossos cem francos. Assim que ele e Boris se encontraram, houve uma terrível discussão na calçada. O outro homem declarou que não devia nada a Boris, nem um centavo, pelo contrário, Boris devia a ele quatrocentos francos, e ambos insistiam em pedir minha opinião. Não consegui entender direito como era a história. Os dois discutiram muito, primeiro na rua, depois em um bistrô, depois em um restaurante de *prix fixe* onde fomos jantar, depois em outro bistrô. Finalmente, depois de um ter chamado o outro de ladrão por duas horas, eles se meteram juntos em uma bebedeira que acabou com o dinheiro de Boris até o último centavo.

Naquela noite, Boris dormiu na casa de um sapateiro, outro refugiado russo, no quarteirão do Commerce. Enquanto isso, eu ainda tinha oito francos e cigarros suficientes e estava entupido de comida e bebida. Era uma mudança maravilhosa, depois de dois dias ruins.

CAPÍTULO 8

Tínhamos agora uns vinte e oito francos e podíamos começar a procurar emprego de novo. Boris ainda dormia na casa do sapateiro, por algum arranjo misterioso, e tinha conseguido mais vinte francos emprestados com um amigo russo. Ele tinha amigos, a maioria ex-oficiais como ele, espalhados por toda Paris. Alguns eram garçons e lavadores de louça, alguns dirigiam táxis, alguns viviam sustentados por mulheres, alguns tinham conseguido trazer dinheiro da Rússia e eram donos de oficinas ou salões de dança. De maneira geral, os russos refugiados em Paris são pessoas trabalhadoras e lidam com sua má sorte muito melhor do que se pode imaginar para um inglês da mesma classe em situação idêntica. Há exceções, é claro. Boris me falou sobre um duque russo exilado que ele havia conhecido, um homem que frequentava restaurantes caros. O duque descobria se havia um oficial russo entre os garçons e, depois de comer, o chamava à sua mesa de um jeito simpático.

"Ah", dizia o duque, "então já foi soldado, como eu? Foram dias ruins, não foram? Bem, bem, os soldados russos não têm medo de nada. E qual era seu regimento?"

"Regimento tal e tal", respondia o garçom.

"Ah, um regimento muito valente! Eu os inspecionei em 1912. A propósito, deixei minha carteira em casa, infelizmente. Sei que um oficial russo vai me emprestar trezentos francos."

E o garçom entregava os trezentos francos, se os tivesse, é claro, e nunca mais os via. O duque ganhou muito desse jeito. Provavelmente, os garçons não se incomodavam com o golpe. Um duque é um duque, mesmo no exílio.

Foi por intermédio de um desses refugiados russos que Boris soube de uma coisa que parecia prometer dinheiro. Dois dias depois de penhorarmos os casacos, Boris disse com ar misterioso:

– Diga-me, *mon ami*, você tem opiniões políticas?

– Não – respondi.

– Eu também não. É claro, sempre se é patriota; mesmo assim... Moisés não disse alguma coisa sobre mimar os egípcios? Você é inglês, deve ter lido a Bíblia. O que quero saber é se você se oporia a ganhar dinheiro de comunistas.

– Não, é claro que não.

– Bem, parece que existe uma sociedade secreta em Paris que pode fazer alguma coisa por nós. São comunistas; na verdade, são agentes dos Bolcheviques. Eles se comportam como uma sociedade amistosa, entram em contato com russos exilados e tentam convencê-los a se tornar bolcheviques. Meu amigo ingressou nessa sociedade, e ele acha que o grupo nos ajudaria, se fôssemos procurá-los.

– Mas o que podem fazer por nós? De qualquer maneira, não vão me ajudar, não sou russo.

– É justamente esse o ponto. Parece que são correspondentes de um jornal de Moscou, e eles querem alguns artigos sobre a política inglesa. Se formos até lá imediatamente, talvez contratem você para escrever os artigos.

– Eu? Mas não sei nada sobre política.

– *Merde!* Eles também não sabem. Quem sabe alguma coisa sobre política? É fácil. Tudo que precisa fazer é copiar os jornais ingleses. Não tem um *Daily Mail* em Paris? Copie tudo de lá.

– Mas o Daily Mail é um jornal conservador. Eles odeiam comunistas.

– Bem, então é só dizer o contrário do que diz o *Daily Mail*, não tem como errar. Não podemos desperdiçar essa chance, *mon ami*. Ela pode significar centenas de francos.

Não gostei da ideia, porque a polícia de Paris é muito dura com comunistas, especialmente se forem estrangeiros, e eu já estava sob suspeita. Alguns meses atrás, um detetive tinha me visto sair da redação de um jornal semanal comunista, e enfrentei muitos problemas com a polícia. Se me pegarem indo a essa sociedade secreta, posso ser deportado. No entanto, a chance parecia ser boa demais para desperdiçar. Naquela tarde, o amigo de Boris, outro garçom, chegou para nos levar ao encontro. Não consigo lembrar o nome da rua, era uma das que saíam da margem do Sena e levavam ao sul, em algum lugar perto da Câmara de Deputados. O amigo de Boris insistiu na necessidade de sermos muito cautelosos. Andamos pela rua de um jeito casual, marcamos a porta por onde deveríamos entrar, uma lavanderia, e depois fizemos o caminho contrário, analisando todas as janelas e cafés. Se o lugar fosse conhecido como covil de comunistas, provavelmente era vigiado, e seria melhor ir embora, se víssemos alguém com jeito de detetive. Eu estava com medo, mas Boris gostava desses procedimentos conspiratórios, e escreveu completamente que se preparava para negociar com os assassinos dos pais dele.

Quando tivemos certeza de que a área estava limpa, passamos rapidamente pela porta. Tinha uma francesa passando roupas na lavanderia, e ela nos disse que "os cavalheiros russos" moravam do outro lado do pátio, subindo a escada. Subimos vários lances de escada e chegamos a um patamar. Um rapaz forte e mal encarado, cujos cabelos nasciam bem baixo na testa, estava em pé no alto da escada. Quando subi, ele me olhou desconfiado, bloqueou a passagem com um braço e disse alguma coisa em russo.

– *Mot d'Ordre!* – falou incisivo quando não respondi.

Parei assustado. Não esperava que solicitassem uma senha.

– *Mot d'Ordre!* – repetiu o russo.

O amigo de Boris, que vinha atrás de nós, adiantou-se e disse alguma coisa em russo, uma senha ou explicação. O rapaz mal encarado se deu por satisfeito e nos deixou entrar em uma sala pequena, velha e com janelas foscas. Era como um escritório assolado pela pobreza, com cartazes de propaganda em letras russas e uma grande foto de Lenin presos às paredes. Havia um russo sentado à mesa, um homem com a barba por fazer em mangas de camisa, cuidando de uma pilha de embrulhos feitos com jornal diante dele. Quando entrei, ele falou comigo em francês com uma pronúncia ruim.

– Isso é muito descuido! – exclamou agitado. – Por que vieram sem trazer um pacote para lavar?

– Lavar?

– Todo mundo que vem traz coisas para lavar. Dá a impressão de que vão à lavanderia lá embaixo. Na próxima vez, traga um pacote grande. Não queremos a polícia no nosso rastro.

Isso era ainda mais conspiratório do que eu esperava. Boris sentou-se na única cadeira vazia, e houve uma conversa animada em russo. Na verdade, só o homem atrás da mesa falava, o mal encarado estava encostado à parede com os olhos cravados em mim, como se ainda tivesse alguma desconfiança. Era estranho estar naquela salinha secreta com seus pôsteres revolucionários, ouvindo uma conversa da qual eu não entendia uma só palavra. Os russos falavam depressa e agitados, sorrindo e dando de ombros. Queria saber o que significava tudo aqui. Deviam estar se chamando de "paizinho", pensei, e "pombinho", e "Ivan Alexandrovitch", como os personagens nos romances russos. E falavam sobre revoluções. O homem com a barba por fazer devia estar dizendo com firmeza: "Nós nunca discutimos. O tempo da controvérsia já passou. Nossos argumentos são atitudes". Mas deduzi que não era exatamente isso. Eram exigidos vinte francos, uma taxa de ingresso, aparentemente, e Boris prometia pagar (tínhamos apenas dezessete francos). Finalmente, Boris pegou nossa preciosa quantia e pagou cinco francos como adiantamento.

Depois disso, o homem mal encarado parecia menos desconfiado, e sentou-se na beirada da mesa. O barbudo começou a me interrogar em francês, fazendo anotações em um pedaço de papel. Eu era comunista? Respondi por compaixão: nunca tinha ingressado em nenhuma organização. Eu entendia a situação política na Inglaterra? Oh, é claro, é claro. Mencionei o nome de vários ministros e fiz alguns comentários desdenhosos sobre o Partido Trabalhista. E quanto a *Le Sport*? Eu seria capaz de escrever artigos sobre *Le Sport*? (Futebol e Socialismo têm alguma conexão misteriosa no Continente.) Oh, é claro, repeti. Os dois homens assentiram sérios. O barbudo disse:

– *Évidemment*, tem um vasto conhecimento sobre as condições na Inglaterra. Poderia se encarregar de escrever uma série de artigos para um jornal semanal de Moscou? Daremos todos os detalhes.

– Certamente.

– Então, camarada, terá notícias nossas pela primeira remessa de mensagens amanhã. Ou pela segunda, talvez. Pagamos cento e cinquenta francos por artigo. Não se esqueça de trazer um pacote para a lavanderia na próxima vez que vier. *Au revoir*, camarada.

Descemos, olhamos com atenção para fora da lavanderia para ver se havia alguém na rua e saímos. Boris estava louco de alegria. Em uma espécie de êxtase sacrificial, ele correu à tabacaria mais próxima e gastou cinquenta centavos em um charuto. Saiu batendo com a bengala na calçada e radiante.

– Finalmente! Finalmente! Agora, *mon ami*, nossa sorte realmente mudou. Você os conquistou. Ouviu o homem chamar você de camarada? Cento e cinquenta francos por artigo… *nom de Dieu*, que sorte!

Na manhã seguinte, quando ouvi o carteiro, desci correndo ao bistrô para pegar minha carta; foi uma decepção descobrir que não tinha nada para mim. Fiquei em casa esperando a segunda remessa; ainda nada. Três dias passaram sem que eu tivesse notícias da sociedade secreta, e nós perdemos a esperança, decidimos que eles tinham encontrado outra pessoa para escrever os artigos.

Dez dias depois, fizemos outra visita ao escritório da sociedade secreta, tomando o cuidado de levar um pacote que parecia roupas para lavar. E a sociedade secreta tinha desaparecido! A mulher na lavanderia não sabia de nada, disse simplesmente que *"ces messieurs"* haviam partido alguns dias antes, depois de enfrentarem problemas com o aluguel. Parecíamos idiotas ali com nosso pacote! Mas era um consolo termos pago apenas cinco francos, em vez dos vinte.

E essa foi a última vez que ouvimos falar da sociedade secreta. Quem ou o que realmente eram, ninguém soube. Pessoalmente, acho que não tinham nada a ver com o Partido Comunista; acho que eram só vigaristas que extorquiam refugiados russos cobrando taxas de ingresso em uma sociedade imaginária. Era bem seguro, e eles ainda estavam fazendo a mesma coisa em outra cidade, sem dúvida. Eram espertos e desempenhavam seu papel de maneira admirável. O escritório parecia o de uma sociedade secreta comunista, e insistir no pacote de roupas sujas era um toque genial.

CAPÍTULO 9

Passamos mais três dias andando em busca de trabalho, voltando para casa e para refeições cada vez mais minguadas de pão e sopa em meu quarto. Havia agora duas fontes de esperança. Em primeiro lugar, Boris tinha ouvido falar de uma possibilidade de emprego no Hôtel X, perto da Place de la Concorde, e em segundo, o *patron* do novo restaurante na Rue du Commerce tinha voltado, finalmente. Fomos até lá à tarde e o vimos. No caminho, Boris falou sobre as grandes fortunas que acumularíamos, se conseguíssemos esse emprego, e sobre a importância de dar uma boa impressão ao *patron*.

– Aparência… aparência é tudo, *mon ami*. Se me der um terno novo, consigo um empréstimo de mil francos antes da hora do jantar. Pena eu não ter comprado um colarinho quando tínhamos dinheiro. Virei o meu ao contrário hoje de manhã; mas não adianta, os dois lados estão igualmente sujos. Acha que pareço faminto, *mon ami*?

– Está pálido.

– Maldição, o que se pode fazer com pão e batatas? Parecer faminto é fatal. Faz as pessoas quererem chutar você. Espere.

Ele parou diante da vitrine de uma joalheira e deu tapas vigorosos nas bochechas para ativar a circulação. Depois, antes de o rubor desaparecer, entrou apressado no restaurante e apresentou-se ao *patron*.

O *patron* era um homem baixo, meio gorducho e muito digno, com cabelos grisalhos e ondulados, vestido com um elegante terno de flanela de paletó transpassado e cheirando a perfume. Boris me contou que ele também era um ex-coronel do Exército russo. A esposa dele também estava lá, uma francesa horrível, gorda, com um rosto pálido de morte e lábios vermelhos, o que me fez pensar em vitela fria e tomates. O *patron* cumprimentou Boris com simpatia, e eles conversaram em russo por alguns minutos. Fiquei um pouco afastado, me preparando para contar mentiras sobre minha experiência como lavador de pratos.

O *patron* se aproximou de mim. Eu me mexi incomodado, tentando parecer prestativo. Boris tinha me convencido de que um *plongeur* é escravo do escravo, e eu esperava que o *patron* me tratasse como lixo. Para minha surpresa, ele apertou minha mão com entusiasmo.

– Então você é inglês! – exclamou. – que encantador! Não preciso nem perguntar, então, se é um golfista?

– *Mais certainement* – respondi, percebendo que era essa a resposta esperada de mim.

– Sempre quis jogar golfe. Será, meu caro *monsieur*, que terá a gentileza de me mostrar algumas das tacadas principais?

Aparentemente, esse era o jeito russo de fazer negócios. O *patron* ouvia atentamente enquanto eu explicava a diferença entre um driver e um iron, e depois, de repente, informou que estava tudo *entendu*: Boris seria o *maitre d'hôtel* quando o restaurante abrisse, e eu, o *plongeur*, com possibilidade de promoção para ajudante de lavatório, se os negócios fossem bons. Quando o restaurante seria aberto? Foi o que perguntei.

"Daqui a duas semanas, exatamente", respondeu o *patron* com grandiosidade (ele tinha um jeito de balançar a mão e bater as cinzas do cigarro ao mesmo tempo, o que criava essa impressão grandiosa), daqui a duas semanas, exatamente, para o almoço.

Depois, com orgulho evidente, ele nos mostrou o restaurante.

Era um lugar pequeno, composto por um bar, um salão e uma cozinha que não era maior que um banheiro comum. O *patron* decorava tudo com um estilo "pitoresco" imprestável (ele chamava de "*le Normand*", uma coisa de grãos falsos incrustados no gesso, por aí) e pretendia dar ao lugar o nome de Auberge de Jehan Cottard, para criar um efeito medieval. Ele tinha panfletos cheios de mentiras sobre as associações históricas da região, e esse texto afirmava, entre outras coisas, que no passado havia uma hospedaria no local do restaurante, e que era frequentada por Carlos Magno. O *patron* estava muito satisfeito com esse toque. Ele também decorava o bar com quadros indecentes de um artista do Salon. Finalmente, ele deu a cada um de nós um cigarro caro e, depois de conversar mais um pouco, foi embora.

Eu tinha uma forte sensação de que não sairia nada de bom desse restaurante. O *patron* olhara para mim como se eu fosse uma mentira, e pior, uma mentira incompetente, e eu tinha visto dois inconfundíveis avisos de cobrança perto da porta dos fundos. Mas Boris, que já se via novamente como um *maitre d'hôtel*, não se deixava desanimar.

– Conseguimos… só precisamos aguentar por duas semanas. O que são quinze dias? *Je m'en f…* E pensar que em apenas três semanas terei minha amante! Será morena ou loira? Não importa, só não pode ser muito magra.

Os dois dias seguintes foram ruins. Tínhamos apenas sessenta centavos, e os gastamos em um quarto de quilo de pão e um dente de alho para esfregar nele. Esfregar alho no pão serve para criar um sabor duradouro, que dá à pessoa a ideia de ter-se alimentado recentemente. Passamos a maior parte daquele dia sentados no Jardin des Plantes. Boris jogava pedras nos pombos mansos, mas sempre errava, e depois disso escrevemos cardápios de jantar no verso de envelopes. Estávamos com tanta fome que nem tentávamos pensar em outra coisa que não fosse comida. Me lembro do jantar que Boris finalmente escolheu para ele. Uma dúzia de ostras, sopa *borsch* (uma sopa vermelha e doce de beterrabas com creme por cima), lagostim, galeto *en casserole*, filé com molho de ameixas, batatas novas, uma salada, pudim e queijo *roquefort*, com um litro de Burgundy e um pouco de conhaque envelhecido. Boris tinha gostos internacionais para comida. Mais tarde, quando nos tornamos prósperos, de vez em quando eu o via comer refeições quase tão grandes sem dificuldade.

Quando nosso dinheiro acabou, parei de procurar emprego e passei mais um dia sem comer. Não acreditava que o Auberge de Jehan Cottard seria realmente inaugurado, e não conseguia ver nenhuma outra perspectiva, mas estava letárgico demais para fazer qualquer coisa além de ficar deitado na cama. Então, a sorte mudou de repente. À noite, mais ou menos dez horas, ouvi um grito furioso na rua. Levantei e fui olhar pela janela. Boris estava lá, balançando a bengala e sorrindo. Antes de falar, ele tirou uma baguete dobrada do bolso e jogou para cima, para mim.

– *Mon ami, mon cher ami*, estamos salvos! Adivinhe?

– Com certeza não arrumou um emprego!

– No Hôtel X, perto da Place de la Concorde, quinhentos francos por mês e comida. Passei o dia todo lá, trabalhando. Em nome de Jesus Cristo, como eu comi!

Depois de dez ou doze horas de trabalho, e com aquela perna manca, a primeira coisa em que ele pensou foi vir a pé até o meu hotel e me dar a boa notícia! E mais, ele me disse para ir encontrá-lo no Tuileries no dia seguinte, durante seu intervalo vespertino, porque ia tentar roubar comida para mim. Encontrei Boris em um banco público na hora marcada. Ele abriu a jaqueta e tirou dela um grande e amassado embrulho de jornal; nele havia vitela moída, uma fatia de queijo *camembert*, pão e um ecler, tudo junto.

– *Voilà!* – disse Boris. – Só consegui pegar isso para você. O porteiro é um porco traiçoeiro.

Na pior em Paris e Londres

É desagradável comer de um jornal sentado em um banco público, especialmente no Tuileries, que geralmente é cheio de moças bonitas, mas estava com fome demais para me importar. Enquanto eu comia, Boris explicou que estava trabalhando na *cafeterie* do hotel, isto é, em inglês, na despensa. Aparentemente, a *cafeterie* era o posto mais baixo do hotel e um terrível retrocesso para um garçom, mas teria que servir até o Auberge de Jehan Cottard ser inaugurado. Até lá, eu encontraria Boris no Tuileries todos os dias, e ele traria toda a comida que ousasse roubar. Mantivemos esse arranjo por três dias, e eu sobrevivia inteiramente de comida roubada. Então, todos os nossos problemas terminaram, porque um dos *plongeurs* saiu do Hôtel X, e eu consegui o emprego graças à recomendação de Boris.

CAPÍTULO 10

O Hôtel X era um lugar enorme e grandioso, como uma fachada clássica e uma portinha lateral escura que parecia um buraco de rato, e era a entrada de serviço. Cheguei quinze minutos antes das sete da manhã. Uma fileira de homens de calças engorduradas entrava correndo e era verificada por um porteiro que ficava em um pequeno escritório. Esperei, até que o *chef du personnel*, uma espécie de assistente da gerência, chegou e começou a me fazer perguntas. Ele era um italiano de rosto redondo e pálido, abatido pelo excesso de trabalho. Perguntou se eu era um lavador de pratos experiente, e eu disse que sim; ele olhou minhas mãos e viu que eu estava mentindo, mas, quando soube que eu era inglês, mudou o tom e me contratou.

– Estamos procurando alguém com quem possamos praticar nosso inglês – disse. – Todos os clientes são americanos, e a única frase em inglês que sabemos é… – Ele repetiu uma coisa que os meninos escrevem nos muros em Londres. – Você pode ser útil. Venha comigo.

Descemos uma escada curva para um corredor estreito no subsolo, um cômodo tão baixo que, em alguns trechos, eu precisa me encolher. Era um lugar quente, abafado e muito escuro, com poucas lâmpadas fracas e afastadas. Era como se houvesse quilômetros de corredores escuros, um verdadeiro labirinto – na verdade, acho que eram algumas poucas centenas de metros –, uma configuração que trazia à lembrança os deques inferiores de um navio; havia ali o mesmo calor, a mesma falta de espaço e o mesmo cheiro de comida, e um ruído baixo e constante, como uma vibração (que vinha das fornalhas da cozinha), um ronronar de motores. Passamos por portas que às vezes deixavam escapar palavrões e gritos, às vezes a luz vermelha do fogo, uma vez um sopro gelado de uma câmara fria. No meio dessa caminhada, alguma coisa bateu violentamente em minhas costas. Era um bloco de gelo de cinquenta quilos carregado por um funcionário de avental azul. Atrás dele vinha um menino com um grande pedaço de vitela sobre um ombro, com o rosto colado na carne úmida, esponjosa. Eles me empurraram para o lado com um grito de *"Sauve-toi, idiot!"* e seguiram em frente. Na parede, embaixo de uma das lâmpadas, alguém tinha escrito com uma caligrafia bem precisa: "É mais fácil encontrar um céu sem nuvens no inverno que uma virgem no Hôtel X". Parecia ser um lugar estranho.

Um dos corredores tinha uma saída lateral para uma lavanderia, onde uma mulher velha e magra me deu um avental azul e uma pilha de panos de pratos. Então, o *chef du personnel* me levou a uma pequena alcova subterrânea – uma adega embaixo de uma adega, era isso – onde havia uma pia e alguns fornos a gás. O teto era tão baixo que eu não conseguia ficar ereto, e a temperatura devia girar em torno de uns quarenta e cinco graus Celsius. O *chef du personnel* explicou que meu trabalho era servir as refeições dos altos funcionários do hotel, que se alimentavam em um pequeno refeitório lá em cima, limpar a sala deles e lavar a louça que usavam. Quando ele foi embora, um garçom, outro italiano, enfiou a cabeça pela fresta da porta e me olhou de cima.

– Inglês, é? – disse. – Bem, eu sou o encarregado aqui. Se trabalhar bem... – Ele fez um gesto de levantar uma garrafa e beber ruidosamente. Se não... – E chutou várias vezes o batente da porta. – Para mim, torcer seu pescoço não seria mais que cuspir no chão. E, se houver algum problema, eles vão acreditar em mim, não em você. Portanto, tome cuidado.

Depois disso, comecei a trabalhar apressado. Com exceção de um intervalo de uma hora, mais ou menos, trabalhei das sete da manhã até nove e quinze da noite; primeiro lavando louça, depois esfregando mesas e chão do refeitório dos funcionários, depois polindo copos e facas, depois servindo refeições, depois lavando louça de novo, depois servindo mais refeições e lavando mais louça. Era trabalho fácil, e eu fazia tudo com facilidade, exceto quando ia à cozinha buscar as refeições. A cozinha era diferente de tudo que eu já tinha visto ou imaginado – um inferno abafado e de teto baixo em um porão vermelho de tantos fogos, ensurdecedor com os gritos e o barulho de panelas e frigideiras. Era tão quente que todos os metais, exceto os fogões, tinham que ser cobertos com tecido. No meio havia fornalhas, onde doze cozinheiros andavam de um lado para o outro com o rosto pingando suor, apesar dos chapéus brancos. Em volta dessa área havia balcões onde uma multidão de garçons e *plongeurs* circulavam com bandejas. Ajudantes de cozinha de peito nu atiçavam os fogos e esfregavam panelas enormes com areia. Todo mundo parecia estar com pressa e com raiva. O cozinheiro-chefe, um homem de rosto vermelho, ficava no meio de tudo gritando o tempo todo: "*Ça marche dex œufs brouillés! Ça marche un Chateaubriand aux pommes sautées!*" Ele só parava para xingar um *plongeur*. Havia três balcões, e na primeira vez que entrei na cozinha eu levei minha bandeja ao balcão errado. O cozinheiro-chefe se aproximou de mim, torceu os bigodes e me olhou com ar superior. Depois chamou o cozinheiro de café da manhã e apontou para mim.

– Está vendo isso? Esse é o tipo de *plongeur* que mandam para nós hoje em dia. De onde você é, idiota? De Charenton, imagino? – (Tem um grande hospício em Charenton.)

– Da Inglaterra – respondi.

– Eu devia saber. Bem, *mon cher monsieur l'anglais,* posso lhe dizer que você é um filho da puta? E agora... vá para o outro balcão, seu lugar é lá.

Na pior em Paris e Londres

Eu era recebido desse jeito cada vez que ia à cozinha, porque sempre cometia algum erro; esperavam que eu conhecesse o trabalho, e me xingavam como de acordo com essa expectativa. Por curiosidade, contei quantas vezes fui chamado de *maquereau* durante o dia, e foram trinta e nove.

Às quatro e meia, o italiano me disse que eu podia parar de trabalhar, mas que não valia a pena sair, porque começaríamos às cinco. Fui ao banheiro fumar; fumar era estritamente proibido, e Boris havia me prevenido sobre o banheiro ser o único lugar seguro. Depois disso, trabalhei novamente até às nove e quinze da noite, quando o garçom apareceu na porta e disse para eu deixar o restante da louça. Para meu espanto, depois de ter passado o dia todo me chamando de porco, peixe, etc., de repente ele ficou muito simpático. Percebi que os xingamentos a que tinha sido submetido eram só uma espécie de teste.

– Já chega, *mon p'tit* – avisou o garçom. – *Tu n'es pas débrouillard,* mas trabalha bem. Suba e vá jantar. O hotel permite dois litros de vinho para cada um de nós, e roubei mais uma garrafa. Vamos tomar um belo porre.

Tivemos um jantar excelente com as sobras dos altos funcionários. O garçom, mais simpático, me contou histórias sobre seus romances e sobre dois homens que havia esfaqueado na Itália, e sobre como ele havia escapado do serviço militar. Depois de conhecê-lo melhor, achei que era um bom sujeito; ele me lembrava Benvenuto Cellini, de algum jeito. Eu estava cansado e encharcado de suor, mas me sentia um novo homem depois de um dia de boa alimentação. O trabalho não era difícil, e senti que me daria bem nesse emprego. Não era certo, porém, que eu continuasse, porque havia sido contratado como um "extra" por um dia só, por vinte e cinco francos. O porteiro carrancudo contou o dinheiro, menos cinquenta centavos que disse ser para o seguro (mais tarde descobri que era mentira). Depois saiu do escritório para o corredor, me fez tirar o casaco e me revistou cuidadosamente em busca de comida roubada. Depois disso, o *chef du personnel* apareceu e falou comigo. Como o garçom, era mais simpático, agora que tinha visto que eu estava disposto a trabalhar.

– Vamos contratar você, se quiser – ele disse. – O garçom-chefe falou que vai gostar de aprender uns palavrões em inglês. Aceita um contrato de um mês?

Finalmente um emprego, e eu estava pronto para aceitá-lo. Mas me lembrei do restaurante russo, que seria inaugurado em quinze dias. Não seria justo aceitar um contrato de um mês e ir embora no meio dele. Expliquei que tinha outro emprego em vista e perguntei se poderiam me contratar por quinze dias. O *chef du personnel* deu de ombros e disse que o hotel só fazia contratos de um mês. Evidentemente, eu tinha perdido a chance de um emprego.

Como havíamos combinado, Boris estava me esperando no Arco da Rue de Rivoli. Quando contei o que havia acontecido, ele ficou furioso. Pela primeira vez desde que o conheci, ele esqueceu as boas maneiras e me chamou de idiota.

– Idiota! Seu grande idiota! De que adianta eu arrumar um emprego para você, se joga tudo fora em seguida? Como pôde ser idiota a ponto de mencionar o outro restaurante? Só precisava prometer que trabalharia durante um mês.

– Achei mais honesto avisar que talvez tivesse que ir embora – expliquei.

– Honesto! Honesto! Quem já ouviu falar de um *plongeur* sendo honesto? *Mon ami...* – De repente, ele me agarrou pela lapela e falou com toda sinceridade –, *mon ami*, você trabalhou o dia todo. Viu como é o trabalho no hotel. Acha que um *plongeur* pode se dar ao luxo de ser honrado?

– Não, talvez não.

– Muito bem, então, volte depressa e diga ao *chef du personnel* que está preparado para trabalhar por um mês. Diga que vai recusar o outro emprego. Depois, quando nosso restaurante abrir, é só irmos embora.

– Mas e meu salário, se eu quebrar o contrato?

Boris bateu com a bengala na calçada e gritou ao ouvir essa bobagem.

– Peça para receber por dia, e assim não vai perder nem um centavo. Acha que processariam um *plongeur* por quebra de contrato? Um *plongeur* é pequeno demais para ser processado.

NA PIOR EM PARIS E LONDRES

Voltei correndo, encontrei o *chef du personnel* e disse a ele que aceitava trabalhar por um mês, na posição que ele quisesse. Essa foi minha primeira lição sobre moralidade do *plongeur*. Mais tarde entendi como fora tolice ter escrúpulos, porque os grandes hotéis são impiedosos com seus empregados. Contratam ou dispensam funcionários de acordo com a demanda do trabalho, e todos cortam dez por cento ou mais do quadro de empregados no fim da temporada. Também não têm dificuldade alguma para substituir quem se demite sem aviso prévio, porque Paris é lotada de trabalhadores que perderam o emprego em um ou outro hotel.

CAPÍTULO 11

No fim, não quebrei o contrato, porque seis semanas passaram sem nenhum sinal de inauguração do Auberge de Jehan Cottard. Nesse ínterim, trabalhei no Hôtel X, quatro dias por semana na *cafeterie*, um dia ajudando o garçom no quarto andar, e um dia substituindo a mulher que lavava a louça do restaurante. Meu dia de folga era domingo, felizmente, mas às vezes alguém adoecia, e eu tinha que trabalhar nesse dia também. O horário era das sete da manhã até duas da tarde, e das cinco da tarde até nove da noite, onze horas de expediente; mas era um dia de quatorze horas de trabalho quando eu lavava a louça do restaurante. Pelos padrões normais de um *plongeur* de Paris, esse era um expediente excepcionalmente curto. A única grande dificuldade era o calor temeroso e o clima abafado daquele labirinto de porões. Exceto por isso, o hotel, que era grande e bem organizado, era considerado confortável.

Nossa *cafeterie* era um porão escuro que media seis metros por dois e dois e meio de altura, e era tão lotado de urnas de café, cortadores de pão e coisas do tipo que quase não era possível se mexer sem bater em alguma coisa. O espaço era iluminado por uma lâmpada fraca e quatro ou cinco bocas de gás que produziam um sopro vermelho de fogo. Havia um termômetro ali, e a temperatura nunca ficava abaixo de quarenta e três graus Celsius, e se aproximava de cinquenta e cinco em alguns momentos do dia. De um lado havia cinco elevadores de serviço, e do outro um armário refrigerado onde guardávamos leite e manteiga. Quando se entrava no armário refrigerado, a temperatura caía trinta e oito graus em um passo; aquilo me lembrava o hino sobre as montanhas geladas da Groenlândia e as praias de corais da Índia. Além de mim e Boris, mais dois homens trabalhavam na *cafeterie*. Um deles era Mario, um italiano grande e agitado – ele parecia um policial urbano com gestos teatrais –, e o outro era um animal grosseiro e cabeludo que chamávamos de Húngaro; acho que ele era da Transilvânia, ou algum lugar mais distante. Com exceção do Húngaro, éramos todos grandes e nos atropelávamos sem parar nos horários de maior movimento.

O trabalho na *cafeterie* era espasmódico. Nunca ficávamos ociosos, mas o verdadeiro trabalho acontecia apenas em explosões de duas horas por vez; chamávamos cada explosão de *"um coup de feu"*. O primeiro *coup de feu* acontecia às oito horas, quando os hóspedes começavam a acordar e pedir o café. Às oito, uma pancada e um grito repentinos sacudiam todo o porão; campainhas tocavam por todos os lados; homens de aventais azuis corriam pelos corredores, nossos elevadores de serviço desciam com um estrondo simultâneo, e os garçons dos cinco andares começavam a gritar palavrões em italiano pelos poços. Não me lembro de todas as nossas funções, mas elas incluíam fazer chá, café e chocolate, ir buscar refeições na cozinha, vinhos na adega e frutas e outras coisas no restaurante, fatiar pão, fazer torrada, enrolar bastões de manteiga, medir geleia, abrir latas de leite, contar torrões de açúcar, cozinhar ovos, preparar mingau, quebrar gelo, moer café – tudo isso para cem a duzentos hóspedes. A cozinha ficava a trinta metros de distância, e o restaurante, a sessenta ou setenta metros. Tudo que mandávamos para cima pelos elevadores de serviço tinha que ser coberto por uma comanda, e a comanda tinha que ser preenchida com cuidado, e havia problema se um torrão de açúcar era perdido. Além disso, tínhamos que servir pão e café para os funcionários e servir as refeições para os garçons lá em cima. No geral, era um trabalho complicado.

Eu calculava que era preciso andar e correr cerca de vinte e cinco quilômetros por dia, mas a carga do trabalho era mais mental que física. Nada podia ser mais fácil, diante disso, que esse trabalho idiota de ajudante de cozinha, mas ele é surpreendentemente difícil quando se está com pressa. É preciso correr de um lado para o outro entre uma coleção de tarefas – é como separar as cartas de um baralho correndo contra o relógio. Por exemplo, você está fazendo torrada, e pá! Lá vem o elevador de serviço com um pedido de chá, pãezinhos e três tipos diferentes de geleia, e ao mesmo tempo, pá! O outro elevador desce com um pedido de ovos mexidos, café e toranja; você corre à cozinha para pegar os ovos, ao restaurante para pegar a fruta, vai como um raio para voltar antes de aquela torrada queimar, e não pode esquecer o chá e o café, além de meia dúzia de outras tarefas que continuam pendentes; e ao mesmo tempo, um garçom está andando atrás de você e criando problema por causa de uma garrafa de água com gás que sumiu, e você está discutindo com ele. É preciso ter mais cérebro do que se pode imaginar. Mario disse que demora um ano para formar um *cafetier* confiável, e é verdade, sem dúvida.

O horário entre as oito e as dez e meia era uma espécie de delírio. Às vezes corríamos como se só tivéssemos cinco minutos de vida; às vezes havia hiatos repentinos quando os pedidos cessavam e tudo parecia quieto por um momento. Então, varríamos o chão, jogávamos serragem nova e engolíamos galões de vinho, café ou água, qualquer coisa, desde que fosse líquido. Muitas vezes, quebrávamos lascas de gelo para chupar enquanto trabalhávamos. O calor entre as bocas de gás era nauseante; bebíamos litros de líquidos durante o dia, e, depois de algumas horas, até o avental ficava encharcado de suor. Às vezes atrasávamos o trabalho, e alguns hóspedes poderiam ter saído sem café da manhã, mas Mario sempre nos salvava. Ele havia trabalhado na *cafeterie* por catorze anos e tinha a habilidade de

NA PIOR EM PARIS E LONDRES

nunca desperdiçar um segundo entre uma tarefa e outra. O Húngaro era muito burro e inexperiente, e Boris às vezes fugia, em parte por causa da perna manca, em parte porque se envergonhava de trabalhar na *cafeterie*, depois de ter sido garçom; mas Mario era maravilhoso. O jeito como ele estendia os grandes braços pela *cafeterie* para encher um bule de café com uma das mãos e cozinhar um ovo com a outra, ao mesmo tempo em que cuidava da torrada e gritava instruções para o Húngaro, cantando trechos de *Rigoletto* entre um grito e outro, era algo para lá de louvável. O *patron* conhecia seu valor, e ele recebia mil francos por mês, em vez de quinhentos, como todos nós.

O pandemônio do café da manhã parava às dez e meia. Então, limpávamos as mesas da *cafeterie*, varríamos o chão e políamos os metais, e nas melhores manhãs íamos ao banheiro fumar um cigarro. Esse era nosso tempo livre, ou relativamente livre, porque tínhamos só dez minutos para o almoço e nunca comíamos sem sermos interrompidos. A hora do almoço dos clientes, entre meio-dia e duas horas, era outro período de tumulto, como o do café da manhã. A maior parte do trabalho era ir buscar refeições na cozinha, o que significava constantes *engueulades* dos cozinheiros. A essa altura, os cozinheiros suavam na frente de suas fornalhas por quatro ou cinco horas e estavam de cabeça quente.

Às duas éramos homens repentinamente livres. Trocávamos o avental pelo casaco, saíamos correndo e, quando tínhamos dinheiro, íamos ao bistrô mais próximo. Era estranho sair daqueles porões iluminados pelo fogo e chegar à rua. O ar limpo e frio era ofuscante, como um verão ártico; e como era doce o cheiro de gasolina, depois da mistura de comida e suor! Às vezes encontrávamos alguns dos nossos cozinheiros e garçons nos bistrôs, e eles eram simpáticos e pagavam bebidas para nós. Lá dentro éramos seus escravos, mas era uma etiqueta entre os trabalhadores de hotel, nos intervalos todos eram iguais, e as *engueulades* eram esquecidas.

Às quatro e quarenta e cinco, voltávamos ao hotel. Não havia pedidos até seis e meia, e usávamos esse tempo para polir a prataria, limpar as urnas de café e fazer outros serviços aleatórios. E então começava o grande tumulto do dia – a hora do jantar. Queria poder ser Zola por um tempinho, só para descrever aquela hora do jantar. O resumo da situação era que cem ou duzentas pessoas pediam refeições diferentes de cinco ou seis pratos, e cinquenta ou sessenta pessoas tinham que cozinhar para servir essas refeições e limpar tudo depois; qualquer um com experiência na área de refeições sabe o que isso significa. E nesse horário, quando o trabalho era dobrado, toda a equipe estava cansada, e vários funcionários estavam bêbados. Eu poderia escrever páginas sobre o cenário sem dar uma ideia real dele. A movimentação pelos corredores estreitos, as colisões, os gritos, o transporte de caixotes, bandejas e blocos de gelo, o calor, a penumbra, as discussões furiosas que nem tínhamos tempo para terminar, tudo vai além do que se pode descrever. Quem entrasse no porão pela primeira vez pensaria ter invadido um covil de transtornados. Só mais tarde, quando entendi o trabalho em um hotel, pude ver ordem em todo esse caos.

Às oito e meia, o trabalho cessava de repente. Não podíamos sair antes das nove, mas costumávamos deitar no chão e ficar lá descansando as pernas, cansados demais até para ir buscar uma bebida no armário refrigerado. Às vezes o *chef du personnel* aparecia com garrafas de cerveja, porque o hotel fornecia uma cerveja a mais quando tínhamos um dia duro. A comida que nos davam não era mais que comível, mas o *patron* não era sovina com a bebida; cada um de nós podia consumir dois litros de vinho por dia, pois ele sabia que, se um *plongeur* não tivesse direito a dois litros, roubaria três. Também podíamos consumir o que sobrava nas garrafas dos clientes, o que significava que era comum bebermos demais, o que era bom, porque se trabalhava mais depressa quando parcialmente embriagado.

Quatro dias da semana passavam assim; dos outros dois dias de trabalho, um era melhor, e o outro, pior. Depois de uma semana nessa vida, senti que precisava de uma folga. Era noite de sábado, e as pessoas em nosso bistrô estavam ocupadas se embebedando, e, com um dia livre pela frente, eu estava pronto para me juntar a elas. Fomos todos para a cama às duas da manhã, bêbados e dispostos a dormir até meio-dia. Às cinco e meia, fui acordado de repente. Um vigia noturno enviado pelo hotel estava parado ao lado da minha cama. Ele afastou as cobertas e me sacudiu com força.

– Levanta! – disse. – *Tu t'es bien saoulé la gneule, eh?* Bem, não importa. Um funcionário do hotel faltou. Você precisa ir trabalhar hoje.

– Por quê? É meu dia de folga.

– Dia de folga coisa nenhuma! O trabalho tem que ser feito. Levante!

Levantei e saí, mas me sentia como se tivesse as costas quebradas e a cabeça cheia de blocos de concreto quentes. Não me considerava capaz de enfrentar um dia de trabalho. No entanto, depois de apenas uma hora no porão, descobri que estava bem. Aparentemente, no calor daquele subsolo, como em um banho turco, era possível suar qualquer quantidade de drinque. *Plongeurs* sabem disso e contam com isso. A possibilidade de engolir litros de vinho e depois suar todo o álcool antes que ele possa causar muito estrago é uma das compensações da vida deles.

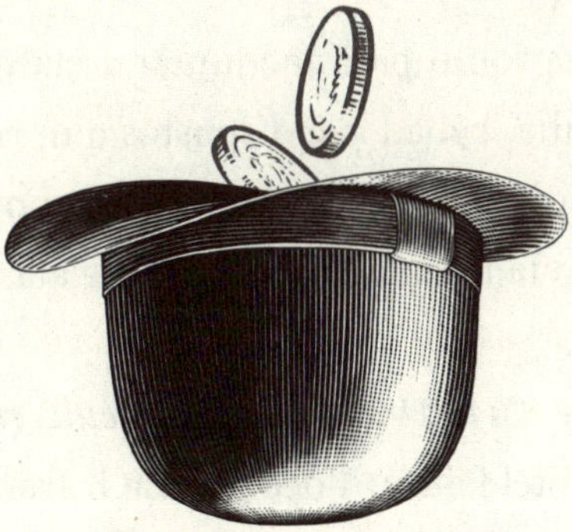

CAPÍTULO 12

De longe, meu melhor período no hotel foi quando fui ajudar o garçom no quarto andar. Trabalhávamos em uma pequena cozinha que se comunicava com a *cafeterie* por elevadores de serviço. Era deliciosamente fresco, depois dos porões, e o trabalho era, basicamente, polir prata e copos, o que é um trabalho humano. Valenti, o garçom, era um tipo decente e me tratava quase como um igual quando estávamos sozinhos, embora tivesse de falar com tom duro quando havia mais alguém presente, porque não é bom um garçom ser amigo de *plongeurs*. Às vezes, quando tínhamos um bom dia, ele me dava cinco francos de gorjeta. Era jovem de boa aparência, 24 anos, mas parecia ter dezoito, e, como a maioria dos garçons, tinha uma boa postura e sabia se vestir. Com seu casaco de fraque e gravata branca, rosto barbeado e cabelo castanho e liso, parecia um garoto da Eton; mas trabalhava desde os 12 anos e progrediu literalmente desde a sarjeta. Atravessou a fronteira italiana sem passaporte, vendeu castanhas a granel nos *boulevards* ao norte, cumpriu cinquenta dias de detenção em Londres por trabalhar sem permissão e foi amante de uma velha rica em um quarto de hotel, uma mulher que deu a ele um anel de diamante, depois o acusou de tê-lo roubado. Tudo isso fazia parte de suas experiências. Eu gostava de conversar com ele nas horas de folga, quando sentávamos para fumar perto do poço do elevador.

Meus dias ruins foram quando lavei a louça na hora do jantar. Eu não lavava os pratos, o que era feito na cozinha, só lavava os talheres, os copos e outros objetos; mesmo assim, eram treze horas de trabalho, e eu usava entre trinta e quarenta esponjas de limpeza durante o dia. Os métodos antiquados utilizados na França duplicavam o trabalho do lavador. Não se ouvia falar em escorredores de pratos, e não havia sabão em pó, só as barras macias que não faziam espuma com a água dura de Paris. Eu trabalhava em um espaço sujo e apertado, uma mistura de cozinha e copa com passagem direta para o salão do restaurante. Além de lavar a louça, eu tinha que ir buscar a comida dos garçons e servi-los à mesa; muitos eram insuportavelmente insolentes, e tive que usar os punhos mais de uma vez para garantir civilidade comum. A pessoa que lavava a louça normalmente era uma mulher, e eles faziam da vida dela um inferno.

Era divertido olhar a copa imunda e pensar que havia apenas uma porta dupla a separando do restaurante. Do outro lado os consumidores sentavam em todo o seu esplendor, com toalhas de mesa impecáveis, vasos de flores, espelhos, cornijas douradas e querubins pintados; e aqui, a poucos passos de distância, a imundície era repugnante. Porque, na verdade, era uma imundície repugnante. Não havia tempo para varrer o chão até a noite, e escorregávamos em uma mistura de água e sabão, folhas de alface, papel rasgado e comida pisoteada. Uma dezena de garçons sem paletó, exibindo as axilas suadas, sentava-se à mesa misturando salada e enfiando os dedos nas panelas de creme. O lugar tinha um cheiro sujo, mistura de comida e sujeira. Em todos os lugares dos armários, atrás das pilhas de utensílios, havia estoques de comida roubada pelos garçons. Eram só duas pias, não havia bacia, e não era incomum ver um garçom lavar o rosto na água limpa em que a louça era enxaguada. Mas os clientes não viam nada disso. Havia um capacho de fibra de coco e um espelho do lado de fora da porta para o restaurante, e os garçons se arrumavam e saíam exibindo a imagem da limpeza.

É instrutivo ver um garçom entrar no salão de um restaurante. Quando passa pela porta, acontece nele uma repentina mudança. A posição dos ombros se altera; toda a sujeira, a pressa e a irritação desaparecem em um instante. Ele desliza pelo tapete com um ar solene de sacerdote. Eu me lembro do nosso assistente de *maître d'hôtel*, um italiano feroz, parado na porta do salão para abordar um aprendiz que havia quebrado uma garrafa de vinho. Sacudindo o punho sobre sua cabeça, ele gritava (por sorte a porta era mais ou menos à prova de som):

– *Tu me fais...* E você se diz garçom, garoto filho da mãe? Você, um garçom! Não serve nem para lavar o chão do bordel de onde sua mãe saiu. *Maquereau!*

Sem palavras, ele se virou para a porta e, ao abri-la, proferiu um último insulto como Squire Western em *Tom Jones*.

Depois disso, ele entrou no salão e a atravessou com o prato na mão, gracioso como um cisne. Dez segundos depois, ele se curvava reverente para um cliente. E não se podia deixar de pensar, ao vê-lo se curvar e sorrir aquele sorriso benevolente de garçom treinado, que o cliente era intimidado ao ser servido por alguém tão aristocrata.

Ser lavador era um trabalho absolutamente odioso, não era duro, mas tedioso e mais bobo do que se pode explicar. É terrível pensar que algumas pessoas passam décadas inteiras em ocupações como essa. A mulher que substituí tinha 60 anos e passava treze horas por dia diante da pia, seis dias por semana, o ano inteiro; como se não bastasse, os garçons a submetiam a um *bullying* terrível. Ela deixou escapar que já havia sido atriz – na verdade, imagino, uma prostituta; a maioria das prostitutas acaba como faxineira. Era estranho ver que, apesar da idade e da vida que levava, ela ainda usava uma peruca loira e brilhante, e escurecia os olhos e pintava o rosto como uma jovem de 20 anos. Então, aparentemente, até um emprego de setenta e oito horas semanais ainda pode deixar um pouco de vitalidade para o trabalhador.

CAPÍTULO 13

Em meu terceiro dia no hotel, o *chef du personnel*, que geralmente falava comigo de um jeito agradável, me chamou e falou com tom seco:

– Ei, você, vai raspar esse bigode imediatamente! *Nom de Dieu*, onde já se viu um *plongeur* de bigode?

Ameacei protestar, mas ele me interrompeu.

– Um *plongeur* de bigode… absurdo! Não quero ver você com isso amanhã.

A caminho de casa, perguntei a Boris o que isso significava. Ele deu de ombros.

– Você deve fazer o que ele diz, *mon ami*. Ninguém no hotel usa bigode, exceto os cozinheiros. Pensei que tivesse notado. Motivo? Não tem motivo. É o costume.

Vi que era uma etiqueta, como não usar gravata branca com um *dinner jacket*, e raspei o bigode. Mais tarde, encontrei a explicação para o costume: garçons em bons hotéis não usam bigode e, para mostrar sua superioridade, decretam que *plongeurs não devem usar também; e os cozinheiros usam bigode para demonstrar seu desprezo pelos garçons.*

75

Isso dá uma ideia do elaborado sistema de castas que existe em um hotel. Nosso estafe, que tem umas cento e dez pessoas, tem seu prestígio classificado com a mesma precisão adotada por militares, e um cozinheiro ou garçom era tão superior a um *plongeur* quanto um capitão sobre um cabo. Acima de todos estava o gerente, que podia demitir qualquer um, inclusive os cozinheiros. Nunca vimos o *patron*, e tudo que sabíamos sobre ele era que suas refeições tinham que ser preparadas com mais cuidado que as dos clientes; toda disciplina do hotel dependia do gerente. Ele era um homem consciente e estava sempre atento a qualquer falta de empenho, mas éramos espertos demais para ele. Havia no hotel um sistema de campainhas de serviço, e toda a equipe usava esse sistema para trocar sinais. Um toque longo e um curto, seguidos por mais dois toques longos, significavam que o gerente estava chegando, e, quando ouvíamos esse sinal, tratávamos de parecer ocupados.

Abaixo do gerente havia o *maître d'hôtel*. Ele não servia as mesas, a menos que se tratasse de um lorde ou alguém desse nível, mas dirigia os outros garçons e ajudava com o serviço. Entre gorjetas e o bônus que ganhava dos fornecedores de champanhe (eram dois francos para cada rolha que devolvesse a eles), ele ganhava uns duzentos francos por dia. Sua posição se destacava de todas as outras do estafe, e ele fazia suas refeições em uma sala privada, com talheres de prata e dois aprendizes de paletó branco e limpo para servi-lo. Um pouco abaixo do chefe dos garçons vinha o cozinheiro-chefe, que ganhava uns cinco mil francos por mês; ele jantava na cozinha, mas em uma mesa separada, e um dos aprendizes de cozinheiro o servia. Depois vinha o *chef du personnel*; ele ganhava só 1.500 francos por mês, mas usava paletó preto e não fazia trabalho braçal, e podia demitir *plongeurs* e multar garçons. A seguir vinham os outros cozinheiros, que ganhavam entre 3.750 francos por mês; depois os garçons, que faziam uns setenta francos por dia em gorjetas, além de receberem um pequeno valor fixo por contrato; depois vinham as lavadeiras e costureiras; depois os aprendizes de garçom, que não ganhavam gorjetas, mas tinham um salário de 750 francos por mês; depois os *plongeurs*, também com um salário de 750 francos; depois as camareiras, que ganhavam uns quinhentos ou seiscentos francos por mês; e finalmente os *cafetiers*, cujo salário era quinhentos francos por mês. Nós da *cafeterie* éramos a escória do hotel, desprezados e *tutoied* por todo mundo.

Havia muitos outros – os empregados do escritório, chamados de *couriers*, o almoxarife, o adegueiro, alguns carregadores e atendentes, o homem do gelo, os padeiros, o vigia noturno, o porteiro. Trabalhos diferentes eram feitos por diferentes nacionalidades. Os empregados do escritório, os cozinheiros e as costureiras eram franceses, os garçons eram italianos e alemães (praticamente não existe um garçom francês em Paris), os *plongeurs* eram de todas as raças da Europa, e também árabes e negros. Francês era a língua dominante, até os italianos a adotavam entre eles.

Todos os departamentos tinham suas regalias especiais. Em todos os hotéis de Paris, é costume vender o pão quebrado para os padeiros por oito centavos meio quilo, e os criadores de porcos podem levar os restos da cozinha por uma ninharia, e esse dinheiro era dividido entre os *plongeurs*. Também havia muito furto. Todos os garçons roubavam comida – na verdade, eu raramente via um garçom comer a ração fornecida pelo hotel – e os cozinheiros roubavam em maior escala na cozinha, e na *cafeterie* nós bebíamos litros ilícitos de chá e café. O adegueiro roubava conhaque. Uma regra do hotel proibia que os garçons tivessem acesso aos estoques de bebidas; eles tinham que ir pedir ao adegueiro cada bebida dos clientes. Enquanto servia as bebidas, o adegueiro separava uma colher de chá de cada copo, talvez, e assim reunia grandes quantidades. Ele vendia o conhaque roubado por cinco centavos o gole se sentisse que podia confiar no interessado.

Havia ladrões na equipe, e quem deixava dinheiro nos bolsos do casaco geralmente era roubado. O porteiro, que pagava nossas diárias e revistava cada funcionário em busca de comida roubada, era o maior ladrão do hotel. Dos meus quinhentos francos por mês, esse conseguiu roubar cento e quatorze francos em seis semanas. Pedi para receber todos os dias, e o porteiro me pagava dezesseis francos todas as noites, e como não me pagava aos domingos (o que, é claro, era errado, porque eu tinha que receber), embolsou 64 francos. Às vezes eu trabalhava em um domingo, o que, embora eu não soubesse, me garantia um extra de 25 francos. O porteiro nunca me pagou esse extra, e assim ganhou mais 75 francos. Só percebi que estava sendo enganado em minha última semana e, como não podia provar nada, só 25 francos foram reembolsados. O porteiro fazia a mesma coisa com qualquer empregado que fosse bobo o bastante para cair no truque. Ele dizia ser grego, mas na verdade era armênio. Depois que o conheci, entendi a força do provérbio: "Melhor confiar em uma cobra do que em um judeu, melhor confiar em um judeu do que em um grego, mas não confie em um armênio".

Havia personagens estranhos entre os garçons. Um deles era um cavalheiro, um jovem que havia cursado a universidade e tinha um emprego bem remunerado em uma empresa. Ele havia contraído uma doença venérea e perdido o emprego, havia ficado sem nenhuma perspectiva, e agora se considerava um homem de sorte por ser um garçom. Muitos garçons entraram na França sem passaporte, e um ou dois eram espiões. É uma profissão que os espiões costumam adotar. Um dia houve uma briga pavorosa no refeitório dos garçons entre Morandi, um homem de aparência perigosa e olhos bem afastados, e outro italiano. Aparentemente, Morandi tinha saído com a mulher do outro. Esse outro homem, um covarde evidentemente apavorado com Morandi, ameaçava em vão.

Morandi riu para ele.

– Bom, o que vai fazer? Dormi com a sua garota, dormi com ela três vezes. Foi bom. O que pode fazer, hein?

– Posso denunciar você para a polícia secreta. Você é um espião italiano.

Morandi não negou. Só tirou uma navalha do bolso traseiro e fez dois movimentos rápidos no ar, como se cortasse o rosto do oponente. Daí em diante, o outro garçom não quis mais brigar.

NA PIOR EM PARIS E LONDRES

O tipo mais estranho que vi no hotel foi um "extra". Ele foi contratado por vinte e cinco francos ao dia para substituir o Húngaro, que estava doente. Era sérvio, um sujeito forte e ágil de uns 25 anos que falava seis idiomas, inclusive inglês. Ele parecia saber tudo sobre o trabalho em um hotel e trabalhou como um escravo até o meio-dia. Depois disso, ficou carrancudo, fugia do trabalho, roubou vinho e, finalmente, coroou a mudança vagabundeando por lá com um cachimbo na boca. Fumar era proibido, é claro, e passível de penalidades severas. O gerente soube da transgressão e desceu para falar com o sérvio, espumando de raiva.

– De onde tirou a ideia de fumar aqui? – gritou.

– De onde tirou a ideia de ter uma cara como essa? – o sérvio respondeu tranquilo.

Não vou conseguir transmitir a blasfêmia desse comentário. Se um *plongeur* falasse desse jeito com um cozinheiro-chefe, seria agredido com uma panela de sopa quente na cara. O gerente disse instantaneamente:

– Está demitido!

E, às duas horas, o sérvio recebeu seus vinte e cinco francos e foi dispensado. Antes de ele sair, Boris perguntou em russo que jogo era aquele. Ele contou que o sérvio respondeu:

– Olha aqui, *mon vieux*, eles têm que me pagar a diária se eu trabalhar até meio-dia, não é verdade? É a lei. E qual é o sentido de trabalhar, depois de ter direito à diária? Então, é isso que faço. Entro em um hotel e consigo um trabalho como extra, e trabalho duro até meio-dia. Depois, assim que o relógio marca doze horas, começo a criar tanto problema que não há nada a fazer além de me demitir. Bom, não é? Na maior parte dos dias, sou dispensado meio-dia e meia; hoje foi às duas; mas não faz mal; economizei quatro horas de trabalho. O único problema é que não posso usar o truque no mesmo hotel duas vezes.

Aparentemente, ele tinha feito esse jogo na metade dos hotéis e restaurantes de Paris. Provavelmente, é um jogo fácil de fazer no verão, embora os hotéis se protejam contra esse tipo de coisa criando uma lista negra.

CAPÍTULO 14

Em poucos dias, eu tinha aprendido os principais conceitos que norteiam a administração de um hotel. O que mais surpreende quem entra pela primeira vez na área de serviço de um hotel é o barulho e a confusão nos horários de maior movimento. É algo tão diferente do trabalho contínuo em uma loja ou fábrica que à primeira vista parece apenas má administração. Mas é inevitável, na verdade, e tem um motivo. O trabalho no hotel não é particularmente duro, mas, por natureza, vem em ondas e não pode ser economizado. Não se pode, por exemplo, grelhar um filé duas horas antes de ele ser pedido; você tem que esperar até o último momento, e nessa hora uma montanha de várias outras tarefas se acumulou, e é preciso fazer tudo ao mesmo tempo, em um ritmo frenético. O resultado é que, na hora das refeições, todo mundo faz o trabalho de dois homens, o que é impossível sem barulho e discussão. De fato, as discussões são parte necessária do processo, porque o ritmo nunca seria mantido se todos não acusassem todo mundo de estar fazendo corpo mole. Era por isso que, na hora do *rush*, toda a equipe berrava e xingava como demônios. Nesses momentos, praticamente não havia outro verbo no hotel além de *foutre*. Uma garota de dezesseis que trabalhava na padaria usava palavrões que teriam envergonhado um motorista de táxi. (Hamlet não disse alguma coisa sobre "praguejar como um lavador de pratos"? Sem dúvida, Shakespeare os viu trabalhar.) Mas não estamos perdendo a cabeça e desperdiçando tempo; estamos só estimulando uns aos outros para o esforço de condensar quatro horas de trabalho em duas.

O que mantém um hotel funcionando é o orgulho que os empregados sentem por seu trabalho, por mais braçal e tolo que seja. Se um homem foge do esforço, outro logo o descobre e conspira por sua demissão. Cozinheiros, garçons e *plongeurs* têm aparências muito diferentes, mas são muito parecidos no orgulho que sentem de sua eficiência.

Sem dúvida, a categoria mais trabalhadora, e a menos servil, é a dos cozinheiros. Eles não ganham tanto quanto os garçons, mas têm mais prestígio e mais estabilidade no emprego. O cozinheiro não se considera um empregado, mas um trabalhador habilidoso; geralmente é chamado de "*un ouvrier*", coisa que um garçom nunca é. Ele conhece seu poder, sabe que sozinho por construir ou destruir um restaurante e que, se ele se atrasar cinco minutos, tudo desanda. Ele despreza todos que não são cozinheiros e faz questão de ofender todo mundo abaixo do chefe dos garçons. E tem um autêntico orgulho de artista por seu trabalho, que exige grande habilidade. Não é cozinhar que é tão difícil, mas fazer tudo no tempo certo. Entre o café da manhã e o almoço, o cozinheiro-chefe do Hôtel X recebia pedidos de centenas de pratos, todos a serem servidos em horários diferentes; ele mesmo preparava poucos, mas dava instruções sobre todos e os inspecionava, antes de mandar servi-los. Sua memória era maravilhosa. As comandas eram presas em um quadro, mas o cozinheiro-chefe raramente olhava para elas; tudo era gravado em sua mente, e pontualmente, quando cada prato tinha que sair, ele dizia: "*Faites marcher une côtelette de veau*" (ou o que fosse). Era um encrenqueiro insuportável, mas também era um artista. É pela pontualidade, não por alguma superioridade na técnica, que os cozinheiros homens, não as mulheres, são preferidos.

O jeito do garçom é bem diferente. Ele também se orgulha de seu ofício, de certa forma, mas sua habilidade é, basicamente, ser servil. O trabalho dá a mentalidade de um esnobe, não de um trabalhador. Ele vive sempre à vista dos ricos, fica ao lado de suas mesas, ouve suas conversas, os bajula com sorrisos e piadinhas discretas. Tem o prazer de gastar dinheiro por procuração. Além do mais, existe sempre a possibilidade de ele se tornar rico, porque, embora a maioria dos garçons morra pobre, às vezes eles têm longos períodos de sorte. Em alguns cafés do Grand Boulevard é possível ganhar tanto dinheiro que os garçons chegam a pagar ao *patron* pelo emprego. O resultado é que, entre ver o dinheiro constantemente e ter a esperança de ganhá-lo, o garçom passa a se identificar, em alguma medida, com seus empregadores. Ele se esforça para servir uma refeição com estilo, porque sente que participa dela.

Lembro de Valenti me falando de um banquete em Nice, no qual ele trabalhou, e de como ele custou duzentos mil francos e foi comentado durante meses.

– Foi esplêndido, *mon p'tit, mais magnifique!* Jesus Cristo! O champanhe, a prata, as orquídeas... nunca vi nada parecido, e já vi algumas coisas. Ah, foi glorioso!

– Mas você estava lá só para servir? – perguntei.

– Oh, é claro. Mesmo assim, foi esplêndido.

A moral da história é: nunca sinta pena de um garçom. Às vezes, quando você está em um restaurante, ainda se empanturrando meia hora depois do horário de fechamento, sente que o garçom cansado a seu lado certamente o despreza. Mas não é verdade. Enquanto olha para você, ele não está pensando: "Que palhaço esganado". Ele pensa: "Um dia, quando tiver economizado dinheiro suficiente, vou poder imitar esse homem". Ele distribui uma espécie de prazer que entende perfeitamente e admira. E é por isso que garçons raramente são socialistas, não têm um sindicato eficiente e trabalham doze horas por dia – em muitos cafés eles trabalham quinze horas, sete dias por semana. São esnobes e acham que a natureza servil de seu ofício é inerente a ele.

Os *plongeurs* também têm um jeito diferente. O trabalho deles não oferece muitas perspectivas, é intensamente exaustivo e, ao mesmo tempo,

Na pior em Paris e Londres

não tem um traço de habilidade ou interesse; o tipo de trabalho que seria sempre feito por mulheres se elas tivessem força suficiente. O que se espera deles é que estejam sempre correndo e que suportem longos expedientes e um clima sufocante. Eles não têm como escapar dessa vida, porque não podem economizar um centavo do que ganham, e trabalhar de sessenta a cem horas por semana não permite que estudem para mais nada, não há tempo. O melhor que podem esperar é encontrar um trabalho ligeiramente mais brando como vigia noturno ou ajudante de lavatório.

No entanto, os *plongeurs,* mesmo em posição tão inferior, têm também uma espécie de orgulho. É o orgulho do burro de carga – o homem que cumpre a tarefa, seja qual for a quantidade de trabalho. Nesse nível, a simples capacidade de continuar trabalhando como um boi é praticamente a única virtude possível de alcançar. Todo *plongeur* quer ser chamado de *débrouillard.* Um *débrouillard* é um homem que, mesmo quando orientado a fazer o impossível, vai *se débrouiller* – vai cumprir a tarefa, de algum jeito. Um dos *plongeurs* da cozinha do Hôtel X, um alemão, era bem conhecido por ser um *débrouillard.* Certa noite, um lorde inglês chegou ao hotel, e os garçons se desesperaram, porque o lorde pediu pêssegos, e não havia nenhum no estoque; era tarde da noite, e os mercados estavam fechados. "Deixe comigo", disse o alemão. Ele saiu e, dez minutos depois, estava de volta com quatro pêssegos. Tinha ido a um restaurante vizinho e roubado as frutas. Isso é o que significa ser um *débrouillard.* O lorde inglês pagou vinte francos por cada pêssego.

Mario, que era o encarregado da *cafeterie,* tinha a mentalidade típica do burro de carga. Só pensava em fazer o *"boulot"*, e nada era demais para ele. Catorze anos no subsolo o tinham deixado com tanta preguiça natural quanto uma haste de pistão. *"Faut être dur"*, ele costumava dizer quando alguém reclamava. É comum ouvir *plongeurs* se gabar: *"Je suis dur"*, como se fossem soldados, não faxineiras do sexo masculino.

Portanto, todos no hotel tinham sua honra, e, quando a pressão do trabalho chegava, estávamos sempre prontos para fazer um esforço concentrado e enfrentá-la. A guerra constante entre os diferentes departamentos também contribuía para a eficiência, pois cada um se apegava aos próprios privilégios e tentava impedir os outros de vagabundear e roubar.

Esse é o lado bom do trabalho do hotel. Em um hotel, uma enorme e complicada máquina é mantida em ação por uma equipe inadequada, porque cada homem tem um trabalho bem definido e o faz escrupulosamente. Mas há um ponto fraco: o trabalho que a equipe está fazendo não é necessariamente aquele pelo qual o cliente paga. O cliente paga, em sua opinião, por um bom serviço; o empregado é pago, em sua opinião, pelo *boulot* – o que significa, via de regra, uma imitação de bom serviço. O resultado é que, embora os hotéis sejam milagres de pontualidade, são piores que as piores casas particulares nas coisas que importam.

A limpeza, por exemplo. A sujeira do Hôtel X, assim que se penetrava nas áreas de serviço, era revoltante. Nossa cafeteria tinha sujeira de um ano em todos os cantos escuros, e a caixa de pão estava infestada de baratas. Uma vez sugeri ao Mario matar aqueles bichos.

– Por que matar os pobres animais? – ele disse com tom de reprovação. Os outros riam quando eu queria lavar as mãos antes de tocar na manteiga. Mas éramos limpos onde reconhecíamos a limpeza como parte do *boulot*. Esfregávamos as mesas e políamos os metais regularmente, porque recebíamos ordens para fazer isso; mas não recebíamos ordens para sermos limpos de verdade e, de qualquer modo, não tínhamos tempo para isso. Estávamos simplesmente cumprindo nossos deveres; e, como nosso primeiro dever era a pontualidade, economizávamos tempo sendo sujos.

Na cozinha, a sujeira era pior. Não é força de expressão, é só a afirmação de um fato dizer que um cozinheiro francês cuspirá na sopa, isto é, se ele mesmo não for tomá-la. Ele é um artista, mas sua arte não é a limpeza. Em alguma medida, ele é sujo porque é artista, porque a comida, para parecer elegante, precisa de um tratamento sujo. Por exemplo, quando um filé é levado para a inspeção do cozinheiro-chefe, ele não o pega com um garfo. Ele o pega entre os dedos e dá um tapa, passa o polegar pelo prato e lambe para provar o molho, gira e lambe novamente, depois dá um passo para trás e contempla o pedaço de carne como um artista julgando um quadro, então o coloca amorosamente no lugar com os dedos gordos e rosados, todos lambidos centenas de vezes naquela manhã. Quando fica satisfeito, ele pega um pano, limpa as impressões digitais do prato e o entrega ao garçom. E o garçom, é claro, mergulha os dedos no molho, aqueles dedos asquerosos e gordurosos que ele passa o tempo todo no cabelo cheio de brilhantina. Sempre que se paga mais que, digamos, dez francos por um prato de carne em Paris, pode-se ter certeza de que ele foi manuseado dessa maneira. Em restaurantes muito baratos é diferente; lá não se tem o mesmo trabalho com a comida, que é simplesmente tirada da frigideira com um garfo e jogada em um prato, sem manipulação. De maneira geral, quanto mais se paga pela comida, mais suor e saliva se é obrigado a comer com ela.

Sujeira faz parte de hotéis e restaurantes, porque a comida saudável é sacrificada por pontualidade e apresentação. O funcionário do hotel está ocupado demais preparando a comida para lembrar que ela vai ser comida. Uma refeição é simplesmente "*une commande*" para ele, assim como um homem morrendo de câncer é simplesmente "*um caso*" para o médico. Um cliente pede, por exemplo, uma torrada. Alguém sob a pressão do trabalho em um porão tem que prepará-la. Como ele pode parar e pensar: "Esta torrada vai ser comida… devo torná-la comestível?" Tudo que ele sabe é que deve parecer boa e ficar pronta em três minutos. Algumas gotas grandes de suor caem de sua testa na torrada. Por que ele deveria se preocupar? Logo a torrada cai na serragem imunda no chão. Por que se preocupar em fazer outra? É muito mais rápido limpar a serragem. A caminho do andar de cima, a torrada cai de novo, com a manteiga voltada para baixo. Outra limpeza é tudo de que ela precisa. E é assim com tudo. A única comida no Hôtel X que era preparada com higiene era a dos funcionários e do *patron*. A máxima repetida por todos era: "Cuide do *patron, e os clientes, s'en f- pas mal!*" Todos os lugares das áreas de serviço eram infestados de sujeira – um veio secreto de sujeira correndo pelo hotel luxuoso como os intestinos pelo corpo de um homem.

Além da sujeira, o *patron* enganava os clientes. Na maior parte dos casos, os ingredientes da comida eram muito ruins, embora os cozinheiros soubessem como servi-la com estilo. A carne era, na melhor das hipóteses, comum, e, quanto aos vegetais, nenhuma boa dona de casa teria olhado para eles no mercado. O creme era diluído com leite, uma especificação do pedido. O chá e o café eram de qualidade inferior, e a geleia era industrializada, comprada em enormes latas sem rótulo. Todos os vinhos mais baratos, segundo Boris, eram *vin ordinaire* envasado em garrafas com rolha. Havia uma regra de que os funcionários deviam pagar por tudo que estragassem e, consequentemente, as coisas danificadas raramente eram jogadas fora. Certa vez, o garçom do terceiro andar derrubou um frango assado no poço do nosso elevador de serviço, onde ele caiu sobre restos de pedaços de pão, papel rasgado e outras coisas. Simplesmente o limpamos com um pano e mandamos para cima de novo. No andar de cima, havia histórias sujas de lençóis usados uma vez que não eram lavados, apenas umedecidos, passados a ferro e colocados de volta nas camas. O *patron* era tão mesquinho conosco quanto com os clientes. Em todo o vasto hotel não havia, por exemplo, uma escova e um balde; era preciso resolver tudo com uma vassoura e um pedaço de papelão. E o banheiro dos funcionários era digno da Ásia Central, e não havia lugar para lavar as mãos, exceto as pias usadas para lavar louças.

Apesar de tudo isso, o Hôtel X era um dos doze hotéis mais caros de Paris, e os clientes pagavam preços assustadores. A tarifa normal para uma noite de hospedagem, sem café da manhã, era duzentos francos. Todo vinho e tabaco eram vendidos pelo dobro dos preços nas lojas, embora, é claro, o *patron* comprasse pelo preço de atacado. Se um cliente tivesse um título ou reputação de milionário, todos os preços aumentavam automaticamente para ele. Certa manhã, no quarto andar, um americano que estava de dieta quis apenas sal e água quente para o café da manhã. Valenti ficou furioso.

– Jesus Cristo! – ele disse. – E os meus dez por cento? Dez por cento de sal e água!

E cobrou vinte e cinco francos pelo café da manhã. O cliente pagou sem reclamar.

Segundo Boris, o mesmo tipo de coisa acontecia em todos os hotéis de Paris, ou pelo menos em todos os hotéis grandes e caros. Mas imagino que os clientes do Hôtel X eram especialmente fáceis de enganar, porque eram americanos, em sua maioria, com alguns poucos ingleses, nenhum francês, e pareciam não saber absolutamente nada sobre comida boa. Eles se enchiam de repugnantes "cereais" americanos e comiam geleia no chá, bebiam vermute depois do jantar e pediam um *poulet à la reine* por cem francos, para depois regá-lo com molho inglês. Um cliente de Pittsburg pedia todas as noites em seu quarto o jantar de cereal matinal, ovos mexidos e chocolate quente. Talvez não tenha muita importância se essas pessoas são enganadas ou não.

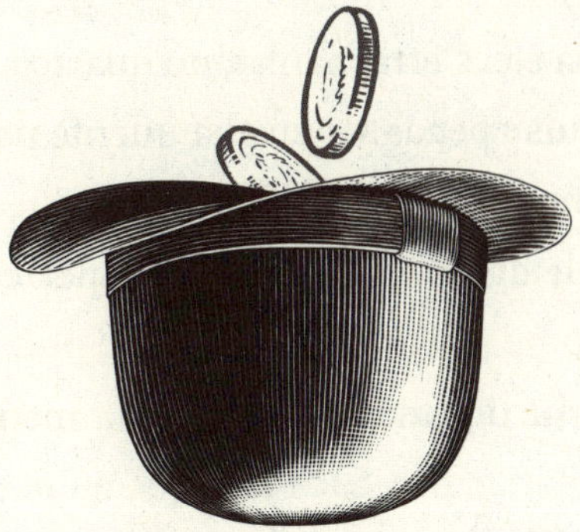

CAPÍTULO 15

Eu ouvia histórias esquisitas no hotel. Havia histórias sobre dependentes de drogas, sobre velhos pervertidos que frequentavam hotéis procurando por jovens camareiros bonitos, sobre roubos e chantagens. Mario me contou sobre um hotel em que havia trabalhado, no qual uma camareira roubou de uma senhora americana um anel de diamante de valor inestimável. Durante dias, a equipe foi revistada ao sair do trabalho e dois detetives vasculharam o hotel de cima a baixo, mas o anel nunca foi encontrado. A camareira tinha um amante na padaria, e ele assou um pãozinho com o anel dentro, e lá ele ficou escondido até as buscas terminarem.

Uma vez, Valenti, em um momento de folga, me contou uma história sobre ele mesmo.

– Sabe, *mon p'tit*, esta vida de hotel é muito boa, mas é o diabo quando você fica desempregado. Imagino que saiba o que é ficar sem comer, não? *Forcément*, ou não estaria lavando pratos. Bem, eu não sou um pobre *plongeur* miserável; sou um garçom, e uma vez passei cinco dias sem comer. Cinco dias sem nem um pedaço de pão duro… Jesus Cristo! Vou

NA PIOR EM PARIS E LONDRES

lhe dizer, aqueles cinco dias foram o diabo. A única coisa boa era que eu pagava meu aluguel adiantado. Morava em um hotelzinho sujo e barato na Rue Sainte Eloise, no bairro latino. O nome do lugar era Hotel Suzanne May, em homenagem a alguma prostituta famosa da época do Império. Eu estava morrendo de fome, e não havia nada que pudesse fazer. Não podia nem ir aos cafés onde os donos dos hotéis vão contratar garçons, porque não tinha o dinheiro para a bebida. Tudo que eu podia fazer era ficar na cama cada vez mais fraco e observar os insetos correndo pelo teto. Não quero passar por isso de novo, garanto.

"Na tarde do quinto dia, fiquei meio louco; pelo menos, é a impressão que tenho agora. Havia uma velha gravura desbotada de uma cabeça de mulher pendurada na parede do meu quarto, e comecei a me perguntar quem poderia ser; e depois de cerca de uma hora decidi que devia ser Santa Eloise, a padroeira do bairro. Eu nunca tinha reparado naquilo antes, mas agora, enquanto estava deitado olhando para ela, uma ideia extraordinária surgiu em minha cabeça.

"'*Écoute, mon cher*', disse a mim mesmo, 'você vai morrer de fome, se isso continuar por muito mais tempo. Tem que fazer alguma coisa. Por que não tenta rezar para Sainte Éloise? Ajoelhe-se e peça a ela para mandar algum dinheiro. Mal não pode fazer, afinal. Tente!'

"Louco, não é? Mas um homem faz qualquer coisa quando está com fome. Além disso, como falei, mal não faria. Saí da cama e comecei a rezar. Eu disse:

"'Querida Sainte Éloise, se você existe, por favor, me mande algum dinheiro. Não peço muito, só o suficiente para comprar pão e uma garrafa de vinho e recuperar as forças. Três ou quatro francos bastariam. Não sabe como ficarei grato, Sainte Éloise, se me ajudar desta vez. E pode ter certeza, se me mandar alguma coisa, a primeira coisa que farei será acender uma vela para você, na sua igreja no fim da rua. Amém.'

"Falei esse negócio sobre a vela porque tinha ouvido dizer que os santos gostam de velas acesas em sua homenagem. Eu pretendia cumprir a promessa, é claro. Mas sou ateu e não acreditava que isso poderia dar algum resultado.

"Bem, voltei para a cama, e cinco minutos depois alguém bateu à porta. Era uma garota chamada Maria, uma camponesa grande e gorda que morava no nosso hotel. Ela era uma garota muito estúpida, mas boa, e não me incomodei muito por ela me ver naquele estado.

"Ela gritou ao me ver. '*Nom de Dieu!*', disse, 'qual é o problema? O que está fazendo na cama a essa hora do dia? *Quelle mine que tu as!* Parece mais um cadáver que um homem.'

"Eu devia ter uma aparência péssima. Havia passado cinco dias sem comer, a maior parte do tempo na cama, e fazia três dias que não me lavava ou me barbeava. O quarto também era um chiqueiro.

"'Qual é o problema?', Maria repetiu.

"'O problema!', eu disse; 'Jesus Cristo! Estou faminto. Não como há cinco dias. Esse é o problema.'

"Maria ficou horrorizada. 'Não come há cinco dias?' ela disse. 'Mas por quê? Não tem nenhum dinheiro, então?'

"'Dinheiro!', eu disse. 'Acha que eu estaria morrendo de fome se tivesse dinheiro? Tenho apenas cinco centavos e já penhorei tudo. Olhe para este quarto e veja se tem mais alguma coisa que eu possa vender ou penhorar. Se conseguir encontrar algo que valha cinquenta centavos, você é mais esperta do que eu.'

"Maria começou a olhar o quarto. Mexeu aqui e ali no meio de um monte de lixo espalhado, e de repente ficou muito animada. A boca grande de lábios grossos estava aberta de espanto.

"'Seu idiota!', ela gritou. 'Imbecil! O que é isto, então?'

"Vi que ela segurava um *bidon* vazio de óleo que ficava em um canto. Eu o havia comprado semanas antes, para substituir uma lamparina a óleo que tinha antes de vender minhas coisas. 'O que é?', falei. 'Isso é um *bidon* de óleo. E daí?'

"'Imbecil! Não pagou um depósito de três francos e cinquenta centavos por ele?'

"Sim, é claro que tinha pagado os três francos e cinquenta centavos. Eles sempre cobram um depósito pelo *bidon*, e você recebe o dinheiro de volta quando o *bidon* é devolvido. Mas eu tinha esquecido disso.

"'Sim...', comecei.

"'Idiota!', Maria gritou de novo. Estava tão empolgada que começou a dançar pelo quarto até eu pensar que seus tamancos iam atravessar o chão. 'Idiota! *T'es fou! T'es fou!* O que mais tem que fazer, além de levar isso de volta à loja e pegar seu depósito? Morrendo de fome, com três francos e cinquenta centavos bem na sua frente! Imbecil!'

"Agora, mal posso acreditar que, naqueles cinco dias, não pensei em levar o *bidon* de volta à loja. Três francos e cinquenta centavos em dinheiro vivo, e nem pensei nisso! Sentei na cama. 'Depressa!', gritei para Maria: 'leve para mim. Leve à mercearia na esquina, corra. E traga comida!'

"Maria não precisou ouvir mais nada. Pegou o *bidon* e desceu a escada fazendo o barulho de uma manada de elefantes, e três minutos depois estava de volta com um quilo de pão embaixo de um braço e meio litro de vinho embaixo do outro. Não parei para agradecer; só peguei o pão e cravei os dentes nele. Você já reparou no sabor que tem o pão quando se está com fome há muito tempo? Frio, úmido, denso, quase como cera. Mas, Jesus Cristo, como era bom! Quanto ao vinho, bebi tudo de uma vez, e foi como se ele entrasse direto nas minhas veias e escorresse pelo corpo como sangue novo. Ah, aquilo fez diferença!

"Comi o quilo de pão sem parar para respirar. Maria ficou com as mãos na cintura, me observando enquanto eu comia. 'Bem, agora se sente melhor?', ela perguntou quando terminei.

"'Melhor!', repeti. 'Eu me sinto perfeito! Não sou o mesmo homem de cinco minutos atrás. Só preciso de uma coisa no mundo agora, um cigarro.'

"Maria pôs a mão no bolso do avental. 'Impossível, disse ela. 'Não tenho dinheiro. Isso é tudo que sobrou dos seus três francos e cinquenta:

sete centavos. Não é suficiente; os cigarros mais baratos custam doze centavos o maço.'

"'Então não é impossível!', anunciei. 'Jesus Cristo, que sorte! Tenho cinco centavos, o suficiente.'

"Maria pegou os doze centavos e já estava saindo para ir à tabacaria. Então, algo que eu havia esquecido durante todo esse tempo invadiu minha cabeça. Lá estava aquela maldita Sainte Éloise! Eu tinha prometido a ela uma vela, se me mandasse dinheiro; e realmente, quem poderia dizer que meu pedido não foi atendido? Tinha pedido três ou quatro francos, e no momento seguinte apareceram três francos e cinquenta centavos. Não havia como escapar disso. Eu teria que gastar meus doze centavos com uma vela.

"Chamei Maria de volta. 'Não adianta', disse. 'Tem a Sainte Éloise, prometi que acenderia uma vela para ela. Os doze centavos serão para isso. Que loucura, não é? Não posso ter meus cigarros, afinal.

"'Sainte Éloise?' disse Maria. 'O que tem Sainte Éloise?'

"'Rezei para ela pedindo dinheiro e prometi que acenderia uma vela', falei. 'Ela atendeu ao meu pedido, o dinheiro apareceu. Vou ter que comprar aquela vela. É um aborrecimento, mas tenho que cumprir minha promessa.'

"'Mas o que fez você pensar em Sainte Éloise?', Maria perguntou.

"'A imagem dela', e expliquei tudo. 'Está ali, viu?', e apontei para a imagem na parede.

"Maria olhou para a foto e, para minha surpresa, começou a gargalhar. Ela ria cada vez mais, andando pelo quarto e segurando os flancos gordos como se fossem explodir. Achei que ela tivesse enlouquecido. Dois minutos passaram antes que ela conseguisse falar.

"'Idiota!', ela gritou finalmente. *T'es fou! T'es fou!* Está me dizendo que ajoelhou e rezou para aquela imagem? Quem disse que é de Sainte Éloise?'

"'Eu tinha certeza de que era Sainte Éloise!', respondi.

"'Imbecil! Não é Sainte Éloise. Quem você acha que é?'

"'Quem?', perguntei.

"'É Suzanne May, a mulher de quem este hotel empresta o nome.'

"Eu rezei para Suzanne May, a famosa prostituta do Império...

"Mas, não me arrependi, no fim. Maria e eu rimos muito disso, depois discutimos o assunto e fingimos que eu não devia nada a Sainte Éloise. Obviamente, não foi ela quem respondeu à oração, e não havia necessidade de comprar uma vela. E foi assim que eu tive meu maço de cigarros, afinal."

CAPÍTULO 16

O tempo passava, e o Auberge de Jehan Cottard não dava sinais de abrir. Boris e eu fomos até lá um dia, durante nosso intervalo da tarde, e descobrimos que nenhuma das alterações tinha sido feita, exceto os quadros indecentes, e havia três cobradores, em vez de dois. O *patron* nos cumprimentou com a amabilidade de sempre e, no instante seguinte, olhou para mim (seu futuro lavador de pratos) e pediu cinco francos emprestados. Depois disso, tive certeza de que o restaurante nunca seria mais que conversa fiada. O *patron*, no entanto, novamente anunciou a inauguração para "exatamente quinze dias a partir de hoje", e nos apresentou à mulher que iria cozinhar, uma russa do Báltico com um metro e meio de altura e um metro de largura. Ela nos contou que já havia sido cantora antes de começar a cozinhar, era muito artística e adorava a literatura inglesa, especialmente *La Case de l'Oncle Tom*.

Em quinze dias, acostumei-me tanto com a rotina de *plongeur* que mal conseguia imaginar algo diferente. Era uma vida sem muitas variações. Às quinze para as seis, acordava de repente, vestia roupas duras de gordura e saía apressado, de cara suja e com os músculos protestando. Era madrugada e as janelas estavam escuras, exceto nos cafés dos trabalhadores. O céu era como uma vasta parede plana de cobalto, com telhados e espirais de papel preto colados nela. Homens sonolentos varriam as calçadas com vassouras rústicas de três metros, e famílias esfarrapadas vasculhavam as latas de lixo. Trabalhadores e meninas com um pedaço de chocolate em uma das mãos e um *croissant* na outra entravam nas estações do metrô. Os bondes, cheios de mais trabalhadores, passavam ruidosos e sombrios. Eu descia apressado para a estação, lutava por um lugar – é preciso literalmente lutar no metrô de Paris às seis da manhã – e ficava preso no meio da massa móvel de passageiros, nariz com nariz com algum horrível rosto francês, respirando vinho azedo e alho. Depois descia para o labirinto do porão do hotel e esquecia a luz do dia até as duas da tarde, quando o sol estava forte e a cidade era negra de gente e carros.

Depois da primeira semana no hotel, sempre passava o intervalo da tarde dormindo ou, quando tinha dinheiro, em um bistrô. Exceto por alguns garçons ambiciosos que iam a aulas de inglês, toda a equipe ocupava o tempo de descanso dessa maneira; a preguiça depois da manhã de trabalho era grande demais para fazer algo melhor. Às vezes, uns cinco ou seis *plongeurs* davam uma festa e iam a um bordel abominável na Rue de Sieyès, cujo preço era só cinco francos e vinte e cinco centavos – dez centavos e meio. O lugar tinha um apelido, *"le prix fixe"*, e eles costumavam descrever suas experiências lá como uma ótima piada. Era o ponto de encontro favorito dos trabalhadores do hotel. O salário dos *plongeurs* não permitia que eles se casassem e, sem dúvida, trabalhar no porão não incentiva sentimentalismo.

Passava mais quatro horas no porão e depois saía suando para a rua fresca. A luz era artificial, aquele estranho brilho púrpura das lâmpadas de Paris, e além do rio a Torre Eiffel brilhava de cima a baixo com luzes em zigue-zague, como enormes serpentes de fogo. Fileiras de carros deslizavam silenciosamente de um lado para outro, e as mulheres, de aparência requintada na penumbra, passeavam para cima e para baixo pela arcada.

George Orwell

Às vezes uma mulher olhava para Boris ou para mim e, percebendo nossas roupas engorduradas, desviava o olhar rapidamente. Depois de mais uma batalha no metrô, eu chegava em casa às dez. Geralmente, entre dez e meia-noite eu ia a um bistrô na nossa rua, um lugar subterrâneo frequentado por marinheiros árabes. Era um lugar ruim para brigar, e às vezes eu via garrafas sendo arremessadas, uma vez com um resultado terrível, mas em geral os árabes brigavam entre eles e deixavam os cristãos em paz. Raki, a bebida árabe, era muito barata, e o bistrô estava aberto a qualquer hora, pois os árabes, homens de sorte, tinham a capacidade de trabalhar o dia inteiro e beber a noite toda.

Era a vida típica de um *plongeur*, e não parecia uma vida ruim, na época. Eu não tinha sensação de pobreza, pois, mesmo depois de pagar o aluguel e reservar o suficiente para os cigarros, os transportes e a alimentação aos domingos, ainda tinha quatro francos por dia para beber, e quatro francos eram uma fortuna. Havia... é difícil explicar... uma espécie de contentamento pesado, o tipo de satisfação que um animal bem alimentado poderia sentir, em uma vida que se tornara tão simples. Pois nada poderia ser mais simples do que a vida de um *plongeur*. Ele vive num ritmo entre trabalho e sono, sem tempo para pensar, quase sem consciência do mundo exterior; sua Paris encolheu, se resume ao hotel, ao metrô, a alguns bistrôs e sua cama. Se ele se afasta, vai apenas a algumas ruas de distância, em uma jornada com uma garota que é empregada doméstica e senta no colo dele para devorar ostras e cerveja. Em seu dia de folga, ele fica na cama até o meio-dia, veste uma camisa limpa, joga dados em troca de bebida e volta para a cama depois do almoço. Nada é totalmente real para ele, exceto o *boulot*, as bebidas e o sono; e desses, o sono é o mais importante.

Uma noite, de madrugada, houve um assassinato bem embaixo da minha janela. Acordei com um tumulto terrível, fui até a janela e vi um homem caído nas pedras lá embaixo; vi os assassinos, três deles, fugindo no fim da rua. Alguns de nós descemos e descobrimos que o homem estava morto, com o crânio rachado por um pedaço de cano de chumbo.

NA PIOR EM PARIS E LONDRES

Me lembro da cor do sangue, curiosamente púrpura, como vinho; ainda estava nas pedras quando voltei para casa naquela noite, e disseram que as crianças tinham vindo de muitos quilômetros no entorno para vê-lo. Mas o que me impressiona ao pensar nisso é que eu estava na cama e dormindo de novo três minutos depois do assassinato. Foi assim com a maioria das pessoas na rua; só verificamos que o homem estava morto e voltamos direto para a cama. Éramos trabalhadores, e qual era o sentido de desperdiçar tempo de sono por causa de um assassinato?

O trabalho no hotel me ensinou o verdadeiro valor do sono, assim como a fome me ensinou o verdadeiro valor da comida. O sono deixou de ser uma mera necessidade física; era algo voluptuoso, mais uma farra do que um alívio. Não tive mais problemas com os insetos. Mário havia me falado de um remédio seguro contra eles: pimenta espalhada generosamente sobre a roupa de cama. Aquilo me fazia espirrar, mas todos os insetos odiaram e migraram para outros quartos.

CAPÍTULO 17

Com trinta francos por semana para gastar em bebidas, eu podia participar da vida social do bairro. Tivemos algumas alegres noites de sábado no pequeno bistrô embaixo do Hôtel des Trois Moineaux.

A sala de piso de tijolos, de uns cinco metros quadrados, ficava lotada com vinte pessoas, e a fumaça escurecia o ar. O barulho era ensurdecedor, pois todo mundo falava o mais alto que podia ou cantava. Às vezes era apenas um barulho confuso de vozes; às vezes, todos cantavam juntos a mesma música – a *Marseillaise*, ou *Internationale*, ou *Madelon*, ou *Les Fraises et les Fram-boises*. Azaya, uma jovem camponesa grande e bastante roliça que trabalhava catorze horas por dia em uma fábrica de vidro, cantava uma canção sobre "*Il a perdu ses pantalons, tout en dansant le Charleston*". Sua amiga Marinette, uma garota magra e morena de virtude obstinada, unia os joelhos e dançava a *danse du ventre*. Dois velhos Rougiers entravam e saíam, mendigando bebidas e tentando contar uma longa e complicada história sobre alguém que uma vez os havia enganado por um estrado de cama. R., cadavérico e silencioso, sentava-se em seu canto e bebia em silêncio. Charlie, bêbado, dançava e cambaleava de um lado para outro com um copo de absinto falsificado em uma das mãos gordas, beliscando os seios das mulheres e declamando poesia. As pessoas jogavam dardos e dados apostando bebida. Manuel, um espanhol, arrastava as meninas até o bar e sacudia a caixa de dados contra a barriga delas para dar sorte. Madame F. ficava no bar enchendo rapidamente *chopines* de vinho com um funil de estanho, mantendo um pano de prato molhado sempre à mão, porque todos os homens na sala tentavam fazer amor com ela. Duas crianças, filhos bastardos do grande Luís, o pedreiro, ficavam sentadas a um canto, compartilhando um copo de *sirop*. Todos eram muito felizes, absolutamente certos de que o mundo era um bom lugar, e nós, um conjunto notável de pessoas.

Durante uma hora, o barulho quase não diminuiu. Então, por volta da meia-noite, houve um grito agudo de "*Citoyens!*" e o barulho de uma cadeira caindo. Um operário loiro de rosto vermelho levantou-se e bateu com uma garrafa na mesa. Todo mundo parou de cantar; a notícia circulou, "Sh! Furex vai começar!" Furex era uma criatura estranha, um pedreiro de Limousin que trabalhava duro a semana inteira e se embriagava em uma espécie de surto aos sábados. Ele havia perdido a memória e não conseguia se lembrar de nada antes da guerra, e teria se arruinado com bebida se Madame F. não tivesse cuidado dele. Nas tardes de sábado, por volta das cinco horas, ela dizia a alguém: "Segure o Furex antes que ele gaste seu salário" e, quando o continha, ela tirava seu dinheiro, deixando só o suficiente para um bom drinque. Uma semana ele escapou e, andando bêbado e às cegas na Place Monge, foi atropelado por um carro e ferido gravemente.

O estranho em Furex era que, embora fosse comunista sóbrio, tornava-se violentamente patriota quando estava bêbado. Ele começou a noite com bons princípios comunistas, mas, depois de quatro ou cinco litros, tornou-se um chauvinista descarado, denunciando espiões, desafiando todos os estrangeiros a brigar e, se não fosse impedido, jogando garrafas. Era nesse estágio que ele fazia seu discurso – porque ele fazia um discurso patriótico todos os sábados à noite. O discurso era sempre o mesmo, palavra por palavra. Assim:

> *Cidadãos da República, tem algum francês aqui? Se houver franceses aqui, me levanto para lembrá-los... para lembrá-los, na verdade, dos dias gloriosos da guerra. Quando se olha para trás, para aquele tempo de camaradagem e heroísmo... realmente se olha para trás, para aquele tempo de camaradagem e heroísmo. Quando alguém se lembra dos heróis que estão mortos... lembra, de fato, dos heróis que estão mortos. Cidadãos da República, eu fui ferido em Verdun...*

Nesse ponto ele se despia parcialmente e mostrava o ferimento que havia sofrido em Verdun. Havia gritos e aplausos. Achávamos que nada no mundo poderia ser mais engraçado que esse discurso de Furex. Ele era um espetáculo conhecido no bairro; as pessoas costumavam vir de outros bistrôs para vê-lo, quando esse surto começava.

Havia uma combinação para provocar Furex. Com uma piscadela para os outros, alguém pedia silêncio e sugeria que ele cantasse a *Marseillaise*. Ele cantava bem, com uma bela voz grave, com ruídos patrióticos gorgolejantes que brotavam bem do fundo do peito quando ele chegava em *"Aux arrmes, citoyens! Forrmez vos bataillons!"* Lágrimas sinceras corriam por seu rosto; ele estava bêbado demais para ver que todos riam dele. Então, antes que ele terminasse, dois trabalhadores fortes agarravam seus braços e o seguravam, enquanto Azaya gritava *"Vive l'Allemagne!"* fora do alcance dele. O rosto de Furex ficava roxo com a infâmia. Todos no bistrô começavam a gritar juntos *"Vive l'Allemagne! À bas la France!"*, enquanto Furex lutava para alcançá-los. Mas de repente ele estragava a diversão. O rosto ficava pálido e triste, os membros ficaram moles e, antes que alguém pudesse impedir, ele vomitava na mesa. Então, Madame F. o levantava como um saco e o carregava para a cama. De manhã, ele reaparecia calmo e educado e comprava um exemplar de *L'humanité*.

Na pior em Paris e Londres

A mesa era limpa com um pano, Madame F. trazia mais garrafas e pães, e nos acomodávamos para beber de verdade. Havia mais músicas. Um cantor itinerante chegava com seu banjo e se apresentava por moedas de cinco centavos. Um árabe e uma garota do bistrô no fim da rua faziam uma coreografia, o homem empunhando um falo pintado de madeira do tamanho de um rolo de massa. Havia hiatos no barulho agora. As pessoas começavam a falar sobre seus casos de amor, e a guerra, e a pesca no Sena, e a melhor maneira de *faire la révolution*, e a contar histórias. Charlie, sóbrio novamente, dominava a conversa e falava sobre sua alma por cinco minutos. As portas e janelas eram abertas para resfriar a sala. A rua estava se esvaziando e, a distância, podia-se ouvir o solitário carro do leite retumbando pelo Boulevard St. Michel. O ar soprava frio em nossas testas, e o rústico vinho africano ainda tinha um sabor bom: ainda estávamos felizes, mas reflexivos, depois de toda a gritaria e o humor hilariante.

À uma hora não estávamos mais felizes. Sentíamos que a alegria da noite estava se esgotando e pedíamos rapidamente mais garrafas, mas Madame F. agora misturava água no vinho, e o sabor não era mais o mesmo. Os homens se tornavam beligerantes. As meninas eram beijadas com violência e tinham os seios apalpados, e iam embora antes que algo pior acontecesse. Louis, o pedreiro, estava bêbado e rastejava pelo chão latindo e fingindo ser um cachorro. Os outros se cansavam dele e o chutavam quando ele passava. As pessoas seguravam o braço umas das outras e começavam longas confissões incoerentes, e ficavam zangadas quando não eram ouvidas. O público diminuía. Manuel e outro homem, ambos jogadores, iam para o bistrô árabe, onde se jogavam cartas até o amanhecer. Charlie de repente fazia um empréstimo de trinta francos com Madame F. e desaparecia, provavelmente para um bordel. Os homens começavam a esvaziar os copos, despediam-se com rápidos "*sieurs, dames!*" e iam para a cama.

Por volta de uma e meia, a última gota de prazer tinha evaporado, deixando nada mais que dores de cabeça. Percebíamos que não éramos

George Orwell

esplêndidos habitantes de um mundo esplêndido, mas um bando de trabalhadores mal remunerados que se embriagaram de forma miserável e deprimente. Continuávamos a beber o vinho, mas era apenas por hábito, e de repente o líquido parecia nauseante. A cabeça estava inchada como um balão, o chão balançava, a língua e os lábios estavam manchados de roxo. Por fim, não adiantava mais continuar ali. Vários homens saíram para o pátio atrás do bistrô e vomitavam. Rastejávamos para a cama, caíamos nela meio vestidos e ficávamos lá por dez horas.

A maior parte das minhas noites de sábado era assim. De maneira geral, as duas horas de perfeita e incontrolável felicidade pareciam compensar a dor de cabeça subsequente. Para muitos homens do bairro, homens solteiros e sem um futuro em que pensar, a bebedeira semanal era a única coisa que fazia a vida valer a pena.

CAPÍTULO 18

Charlie nos contou uma boa história numa noite de sábado no bistrô. Tente imaginá-lo bêbado, mas sóbrio o suficiente para falar consecutivamente. Ele bate no balcão de zinco e grita pedindo silêncio:

– Silêncio, *messieurs et dames*, silêncio, eu imploro! Ouçam essa história que vou contar. Uma história memorável, uma história instrutiva, uma das lembranças de uma vida requintada e civilizada. Silêncio, *messieurs et dames*!

"Aconteceu em um momento em que eu estava duro. Você sabe como é isso, que desgraça é um homem refinado estar nessa condição. Meu dinheiro não tinha sido enviado de casa; eu havia penhorado tudo e não tinha nenhuma perspectiva, exceto trabalhar, que é uma coisa que não farei. Eu morava com uma garota na época, Yvonne era o nome dela, uma grande camponesa meio estúpida como Azaya ali, com cabelos amarelos e pernas gordas. Nós dois não comíamos nada havia três dias. *Mon Dieu*, que sofrimento! A menina andava de um lado para o outro com as mãos na barriga, uivando como um cachorro que estava morrendo de fome. Era terrível.

"Mas, para um homem inteligente, nada é impossível. Perguntei a mim mesmo: 'Qual é a maneira mais fácil de ganhar dinheiro sem trabalhar?' E imediatamente tive a resposta: 'Para ganhar dinheiro com facilidade, é preciso ser mulher. Toda mulher não tem algo para vender?' E então, enquanto refletia sobre as coisas que faria se fosse mulher, tive uma ideia. Me lembrei das maternidades do Governo... conhecem as maternidades do Governo? São lugares onde as mulheres que estão *enceinte* recebem refeições gratuitas e nenhuma pergunta é feita. Serve para incentivar a procriação. Qualquer mulher pode ir lá e exigir uma refeição, e a recebe imediatamente.

"'*Mon Dieu!*', pensei, 'se eu fosse mulher! Comeria nesses lugares todos os dias. Quem pode dizer se uma mulher está *enceinte* ou não, sem um exame?'

"Eu disse a Yvonne. 'Pare com essa choradeira insuportável.' E contei: 'Pensei em uma maneira de conseguir comida'.

"'Como?', ela perguntou.

"'É simples', respondi. "Vá à maternidade do governo. Diga que está grávida e peça comida. Eles vão servir uma boa refeição sem fazer perguntas.'

"Yvonne ficou chocada. '*Mais, mon Dieu*', gritou, 'não estou grávida!'

"'Quem se importa?' Retruquei. 'Isso é fácil de resolver. De que precisa, além de uma almofada... duas almofadas, se for necessário? É uma inspiração do céu, *ma chère*. Não a desperdice.'

"Bem, no fim, eu a convenci, e então pegamos uma almofada emprestada e eu a preparei e a levei até a maternidade. Eles a receberam de braços abertos. Serviram sopa de repolho, um *ragoût* de carne, *purée* de batatas, pão, queijo e cerveja, e deram todos os tipos de conselhos sobre o bebê. Yvonne empanturrou-se até quase estourar e conseguiu enfiar um pouco do pão e do queijo no bolso para mim. Eu a levei lá todos os dias até ter dinheiro novamente. Minha inteligência nos salvou.

"Tudo correu bem até um ano mais tarde. Eu estava com Yvonne de novo, e um dia caminhávamos pelo Boulevard Port Royal, perto do quartel. De repente, Yvonne abriu a boca e começou a ficar vermelha e branca, e vermelha novamente.

"'*Mon Dieu!*' ela gritou, "olha só quem vem ali! É a enfermeira que cuidava da maternidade. Estou arruinada!'

"'Rápido!', falei, 'corra!' Mas era tarde demais. A enfermeira reconheceu Yvonne e veio em nossa direção sorrindo. Ela era uma mulher grande e gorda com um *pince-nez* dourado e bochechas vermelhas como uma maçã. Um tipo de mulher maternal e intrometida.

"'Espero que esteja bem, *ma petite*', ela disse com tom gentil. 'E seu bebê também está bem? É menino, como você esperava?' Yvonne começou a tremer tanto que tive que segurá-la pelo braço. 'Não', ela respondeu finalmente. 'Ah, então, *évidemment*, é menina?'

"A partir daí, Yvonne, a idiota, perdeu a cabeça completamente. 'Não', ela repetiu!

"A enfermeira ficou surpresa. '*Comment!*', ela exclamou, 'nem menino, nem menina! Mas como pode ser isso?'

"Imaginem, *messieurs et dames*, que foi um momento perigoso. Yvonne estava da cor de uma beterraba e parecia prestes a cair no choro; mais um segundo, e ela teria confessado tudo. Deus sabe o que poderia ter acontecido. Mas mantive a calma, interferi e resolvi a situação.

"'Eram gêmeos', falei com tranquilidade.

"'Gêmeos!', exclamou a enfermeira. E ficou tão satisfeita que segurou Yvonne pelos ombros e a beijou nas duas faces em público.

"Sim, gêmeos..."

CAPÍTULO 19

Um dia, quando estávamos no Hôtel X havia cinco ou seis semanas, Boris desapareceu sem avisar. À noite, eu o encontrei esperando por mim na Rue de Rivoli. Ele bateu no meu ombro com animação.

– Finalmente livre, *mon ami*! Pode se demitir. O Auberge abre amanhã.

– Amanhã?

– Bem, vamos precisar de um ou dois dias para organizar as coisas. Mas, de qualquer maneira, chega de cafeteria! *Nous sommes lancés, mon ami!* Já tirei meu paletó de fraque do penhor.

Suas maneiras eram tão cordiais que tive certeza de que havia algo errado, e não queria, de forma alguma, deixar meu trabalho seguro e confortável no hotel. No entanto, eu havia prometido a Boris, então me demiti e na manhã seguinte, às sete, fui ao Auberge de Jehan Cottard. Estava trancado, e fui procurar Boris, que mais uma vez havia fugido de onde se hospedava e alugado um quarto na Rue de la Groix Nivert. Eu o encontrei dormindo com uma garota que ele tinha encontrado na noite anterior e que disse ser "de temperamento muito simpático". Quanto ao restaurante, ele disse que estava tudo arranjado; só faltava cuidar de alguns pequenos detalhes, antes da inauguração.

Na pior em Paris e Londres

Às dez, consegui tirar Boris da cama, e abrimos a porta do restaurante. De relance, vi o que significavam as "pequenas coisas". Resumindo, as alterações não tinham progredido desde nossa última visita. Os fogões para a cozinha não tinham chegado, a água e a eletricidade não tinham sido ligadas, e havia todo tipo de pintura, polimento e carpintaria para fazer. Nada menos que um milagre poderia garantir a inauguração do restaurante em dez dias e, aparentemente, ele poderia desabar antes mesmo de abrir. O que havia acontecido era evidente. O *patron* estava sem dinheiro e contratou o estafe (éramos quatro) para trabalharmos como operários. Ele teria nossos serviços quase de graça, pois os garçons não recebem salário e, embora tivesse de me pagar, não forneceria minha alimentação até que o restaurante abrisse. Na verdade, ele nos extorquiu várias centenas de francos quando mandou nos chamar antes de abrir o restaurante. Tínhamos abandonado um bom emprego por nada.

Mas Boris estava cheio de esperança. Tinha apenas uma ideia na cabeça, a de que finalmente havia uma chance de ser garçom e vestir um fraque novamente. Por isso, ele estava disposto a trabalhar dez dias sem remuneração, com a possibilidade de acabar desempregado, no final.

– Paciência! – ficava repetindo. – Isso vai se ajeitar. Espere até o restaurante abrir, e vamos recuperar tudo. Paciência, *mon ami*!

Precisávamos de paciência, pois dias se passaram e o restaurante não fez nenhum progresso na direção da inauguração. Limpamos os porões, consertamos as prateleiras, pintamos as paredes, polimos a madeira, caiamos o teto, enceramos o chão; mas o trabalho principal, encanamento, gás e eletricidade, ainda não havia sido feito, porque o *patron* não podia pagar as contas. Evidentemente, ele estava quase sem dinheiro nenhum, pois recusava até as menores cobranças e desaparecia rapidamente quando lhe pediam dinheiro. Era muito difícil lidar com essa sua mistura de inconstância e maneiras aristocráticas. Os idiotas melancólicos iam procurá-lo a qualquer hora e, seguindo suas instruções, sempre dizíamos que ele estava em Fontainebleau, ou Saint Cloud, ou em algum outro lugar bem distante.

Enquanto isso, eu sentia cada vez mais fome. Tinha saído do hotel com trinta francos e fui forçado a voltar imediatamente a uma dieta de pão seco. Boris havia conseguido tirar um adiantamento de sessenta francos do *patron* no início, mas gastara a metade para resgatar as roupas de garçom do penhor, e a outra metade com a moça de temperamento simpático. Ele fazia empréstimos diários de três francos com Jules, o segundo garçom, e gastava esse dinheiro com pão. Em alguns dias não tínhamos dinheiro nem para o tabaco.

Às vezes, a cozinheira vinha ver como estavam as coisas e chorava quando via que a cozinha ainda estava vazia, sem panelas e utensílios. Jules, o segundo garçom, recusou-se firmemente a ajudar no trabalho. Ele era húngaro, um rapazinho moreno, de feições bem definidas, de óculos e muito falante; havia sido estudante de medicina, mas abandonou a faculdade por falta de dinheiro. Ele gostava de conversar enquanto outras pessoas trabalhavam, e me contou tudo sobre si mesmo e suas ideias. Aparentemente, ele era comunista e tinha várias teorias estranhas (conseguia provar por meio de números que era errado trabalhar), e ele também era, como a maioria dos húngaros, muito orgulhoso. Homens orgulhosos e preguiçosos não são bons garçons. O maior orgulho de Jules era, uma vez, ao ser insultado por um cliente de um restaurante, ter derramado um prato de sopa quente no pescoço do homem e saído de lá imediatamente, sem nem mesmo esperar para ser demitido.

A cada dia que passava, Jules ficava cada vez mais furioso com o golpe que o *patron* tinha aplicado em nós. Ele tinha um jeito eloquente de falar. Costumava andar para cima e para baixo brandindo o punho e tentando me convencer a não trabalhar:

– Largue essa escova, seu idiota! Você e eu pertencemos a raças orgulhosas; não trabalhamos de graça, como esses malditos servos russos. Vou dizer, ser enganado desse jeito é uma tortura para mim. Houve momentos em minha vida quando alguém tirou só cinco centavos de mim e eu vomitei, sim, vomitei de raiva.

"Além disso, *mon vieux*, não se esqueça de que sou comunista. *À bas la bourgeoisie*! Alguém alguma vez me viu trabalhando quando eu podia evitar? Não. E não só não me canso trabalhando como vocês, idiotas, mas roubo, só para mostrar minha independência. Certa vez, estive em um restaurante onde o *patron* achou que poderia me tratar como um cachorro. Bem, para me vingar, encontrei um jeito de roubar leite das latas e lacrá-las de novo para que ninguém notasse. Vou lhe contar, eu bebia aquele leite noite e dia. Bebia quatro litros de leite todos os dias, além de meio litro de creme. O *patron* estava ficando maluco para tentar descobrir para onde ia o leite. Não que eu quisesse leite, entenda, porque odeio leite; era uma questão de princípio, só princípio.

"Bem, depois de três dias, comecei a sentir dores horríveis na barriga e fui ao médico. 'O que você tem comido?', ele perguntou. Eu respondi: 'Bebo quatro litros de leite e meio litro de creme por dia'. 'Quatro litros!' ele disse. 'Então pare imediatamente. Você vai explodir se continuar'. 'Por que me importaria?', disse a ele. 'Para mim, o princípio é tudo. Vou continuar bebendo esse leite, mesmo que exploda.'

"Bem, no dia seguinte o *patron* me pegou roubando leite. 'Você está demitido', disse ele. 'Fica apenas até o fim da semana.' '*Pardon, monsieur*', respondi, 'eu saio hoje.' 'Não, não sai', ele insistiu, 'preciso de você aqui até sábado.' 'Muito bem, *mon patron*', pensei comigo mesmo, 'vamos ver quem cansa disso primeiro.' E então me dediquei a quebrar a louça. Quebrei nove pratos no primeiro dia e treze no segundo; depois disso, o *patron* ficou feliz por me ver pelas costas.

"Ah, não sou um dos seus *moujiks* russos..."

Dez dias passaram. Foi uma época ruim. Meu dinheiro estava quase acabando, e meu aluguel estava vários dias atrasado. Vagávamos pelo restaurante vazio e escuro, com fome demais até para continuar com o trabalho que faltava. Só Boris ainda acreditava que o restaurante iria abrir. Ele tinha decidido que seria *maître d'hôtel* e inventou a teoria de que o dinheiro do *patron* estava preso em ações, e ele esperava um momento favorável para vender os papéis. No décimo dia eu não tinha nada para comer ou fumar, e disse ao *patron* que não poderia continuar trabalhando sem um adiantamento do meu salário. Com a mesma tranquilidade de sempre, o *patron* prometeu o adiantamento e depois, como costumava fazer, desapareceu. Percorri a pé parte do caminho para casa, mas não me sentia disposto para enfrentar uma cena com Madame F. pelo atraso do aluguel, e passei a noite em um banco no *boulevard*. Era muito desconfortável – o braço do assento machuca as costas – e muito mais frio do que eu esperava. Tive muito tempo, naquelas longas horas enfadonhas entre o amanhecer e o trabalho, para pensar se havia sido idiota ao me colocar nas mãos daqueles russos.

Então, pela manhã, a sorte mudou. Evidentemente, o *patron* havia conseguido fazer um acordo com seus credores, pois chegou com dinheiro no bolso, deu andamento às alterações e me deu o adiantamento. Boris e eu compramos macarrão e um pedaço de fígado de cavalo e fizemos nossa primeira refeição quente em dez dias.

Os operários chegaram, e as obras foram feitas rapidamente e sem nenhum cuidado ou qualidade. As mesas, por exemplo, deveriam ser cobertas com baeta, mas, quando o *patron* descobriu que baeta era um tecido caro, comprou cobertores do exército que não eram mais usados e tinham um cheiro entranhado de suor. As toalhas de mesa (xadrez, para combinar com as decorações "normandas") os escondiam, é claro. Na última noite ficamos trabalhando até as duas da manhã, deixando tudo pronto. A louça só chegou às oito e, por ser nova, precisava ser lavada. Os talheres só chegaram na manhã seguinte, assim como as toalhas de mesa e os panos e guardanapos, e tivemos que enxugar a louça com uma camisa do *patron* e uma fronha velha que tinha sido do *concierge*. Boris e eu fizemos todo o trabalho. Jules se esquivava, e o *patron* e sua esposa estavam sentados no bar com um credor e alguns amigos russos, bebendo ao sucesso do restaurante. A cozinheira estava na cozinha com a cabeça apoiada na mesa, chorando, porque teria que cozinhar para cinquenta pessoas, e não havia panelas e frigideiras nem para dez. Por volta da meia-noite, houve uma terrível discussão com alguns cobradores, que chegaram com a intenção de apreender oito panelas de cobre que o *patron* havia comprado no crédito. Eles foram subornados com meia garrafa de conhaque.

Jules e eu perdemos o último metrô para casa e tivemos que dormir no chão do restaurante. A primeira coisa que vimos pela manhã foram dois ratos grandes sentados na mesa da cozinha, comendo um presunto que estava ali. Parecia um mau presságio, e eu tive mais certeza que nunca de que o Auberge de Jehan Cottard seria um fracasso.

CAPÍTULO 20

O *patron* me contratou como *plongeur* de cozinha; isto é, meu trabalho era lavar a louça, manter a cozinha limpa, preparar vegetais, fazer chá, café e sanduíches, cozinhar as coisas mais simples e cuidar de várias tarefas na rua. As condições eram, como sempre, quinhentos francos por mês e comida, mas eu não tinha dias de folga nem horário fixo de trabalho. No Hôtel X, eu tinha visto o melhor serviço, com dinheiro ilimitado e boa organização. Agora, no Auberge, aprendia como as coisas eram feitas em um restaurante totalmente ruim. Vale a pena descrevê-lo, pois há centenas de restaurantes semelhantes em Paris, e todo visitante se alimenta em um deles, de vez em quando.

Aliás, preciso dizer que o Auberge não era o tipo comum de restaurante barato frequentado por estudantes e operários. Não fornecíamos uma refeição razoável por menos de vinte e cinco francos e éramos pitorescos e artísticos, o que elevava nossa posição social. Havia os quadros indecentes no bar e as decorações normandas – vigas falsas nas paredes, lâmpadas elétricas travestidas de castiçais, cerâmica "camponesa" e até um degrau para montaria na porta – e o *patron* e o garçom eram russos

112

oficiais, e muitos clientes levavam refugiados russos. Resumindo, éramos decididamente chiques.

No entanto, as condições além da porta da cozinha eram próprias de um chiqueiro. Porque a configuração da área de serviço era assim.

A cozinha media cinco metros de comprimento por dois e meio de largura, e metade desse espaço era ocupado por fogões e mesas. Todas as panelas tinham que ser mantidas em prateleiras fora do alcance e só havia espaço para uma lata de lixo. Essa lata de lixo costumava estar transbordando ao meio-dia, e o chão normalmente tinha uns três centímetros de uma mistura de comida pisoteada.

Para cozinhar, tínhamos só três bocas de gás, sem fornos, e todas as carnes tinham que ser assadas na padaria.

Não havia despensa. O que havia no lugar dela era um galpão semi-coberto no quintal, com uma árvore crescendo no meio dele. A carne, os vegetais e todo o resto ficavam lá na terra nua, atacados por ratos e gatos.

Não havia água quente encanada. A água para lavar a louça tinha que ser aquecida em panelas e, como não havia lugar para elas nos fogões durante o preparo das refeições, a maior parte dos pratos tinha que ser lavada em água fria. Isso, com sabão macio e a água dura de Paris, significava ter que raspar a gordura com pedaços de jornal.

Faltavam tantas panelas, que eu tinha que lavar cada uma assim que acabava de ser usada, em vez de deixá-las lá até o fim da tarde. Só isso, provavelmente, significava um desperdício de uma hora por dia.

Devido a alguma fraude na instalação para reduzir os gastos, a luz elétrica geralmente apagava às oito da noite. O *patron* só nos permitia três velas na cozinha, e a cozinheira dizia que o número três dava azar, então tínhamos apenas duas.

Nosso moedor de café era emprestado de um bistrô próximo, e a lata de lixo e as vassouras eram do *concierge*. Depois da primeira semana, uma parte das roupas não voltou da lavanderia, porque a conta não foi paga. Estávamos em apuros com o fiscal do trabalho, que descobrira que o estafe não incluía franceses; ele teve várias reuniões privadas com o *patron*, que, creio eu, foi obrigado a suborná-lo. A companhia elétrica ainda estava nos cobrando, e, quando os cobradores descobriram que seriam subornados com aperitivos, passaram a aparecer todas as manhãs. Estávamos endividados na mercearia, e o crédito teria sido suspenso se a mulher do dono (uma bigoduda de 60 anos) não gostasse de Jules, que era enviado todas as manhãs para bajulá-la. Da mesma forma, eu tinha que perder uma hora todos os dias pechinchando pelos vegetais na Rue du Commerce para economizar alguns centavos.

Isso é o que acontece quando se abre um restaurante com capital insuficiente. E, nessas condições, a cozinheira e eu tínhamos que servir trinta ou quarenta refeições por dia, e mais tarde serviríamos cem. Desde o primeiro dia isso foi demais para nós. O horário de trabalho da cozinheira era das oito da manhã à meia-noite, e o meu, das sete da manhã à meia-noite e meia – dezessete horas e meia, quase sem intervalo. Só tínhamos tempo para sentar às cinco da tarde e, mesmo assim, não havia lugar para sentar, exceto em cima da lata de lixo. Boris, que morava perto e não precisava pegar o último metrô para casa, trabalhava das oito da manhã às duas da manhã seguinte – dezoito horas por dia, sete dias por semana. Esses expedientes, embora não sejam habituais, não são nada extraordinários em Paris.

A vida se encaixou imediatamente em uma rotina que fez o Hôtel X parecer um feriado. Todas as manhãs, às seis, eu saía da cama, não fazia a barba, às vezes me lavava, corria para a Place d'Italie e lutava por um lugar no metrô. Por volta das sete, estava na desolação da cozinha fria e imunda, com cascas de batatas, ossos e rabos de peixe espalhados pelo chão e uma pilha de pratos grudados na gordura uns dos outros, esperando desde a noite anterior. Eu não podia começar a lavar os pratos ainda, porque a água estava fria e eu tinha que ir buscar leite e fazer café, pois os outros chegavam às oito e esperavam encontrar o café pronto. Além disso, sempre havia várias panelas de cobre para limpar. Essas panelas de cobre são a ruína da vida de um *plongeur*. Têm que ser esfregadas com areia e tufos de metal, dez minutos cada uma, e depois polidas por fora com Brasso. Felizmente, a arte de fabricá-las se perdeu e, aos poucos, elas estão desaparecendo das cozinhas francesas, embora ainda seja possível comprá-las de segunda mão.

Quando eu começava a lavar pratos, o cozinheiro me interrompia e mandava descascar as cebolas, e quando eu começava as cebolas o *patron* chegava e me mandava comprar repolhos. Quando eu voltava com os repolhos, a mulher do *patron* me mandava a alguma loja a oitocentos metros de distância para comprar um pote de *rouge*; quando eu voltava, havia mais vegetais esperando, e os pratos ainda não estavam limpos. Assim, nossa incompetência empilhava tarefa sobre tarefa ao longo do dia, tudo atrasado.

Até as dez, as coisas eram relativamente fáceis, embora trabalhássemos com rapidez e ninguém perdesse a paciência. A cozinheira encontrava tempo para falar sobre sua natureza artística, perguntar se eu não achava Tolstói *épatant*, e cantava com uma bela voz de soprano enquanto picava carne na tábua. Mas às dez os garçons começavam a clamar pela comida, pois almoçavam cedo, e às onze os primeiros clientes chegavam. De repente, tudo virava pressa e mau humor. Não havia a mesma agitação furiosa e os gritos, como no Hôtel X, mas uma atmosfera de confusão, rancor mesquinho e exasperação. O desconforto era a base de tudo. A cozinha era insuportavelmente apertada, a louça tinha de ser posta no chão, e era preciso pensar constantemente em não pisar nelas. As enormes nádegas da cozinheira batiam em mim quando ela se movia para lá e para cá. Um coro incessante e irritante de ordens emanava dela:

– Idiota indizível! Quantas vezes já disse para não sangrar as beterrabas? Rápido, preciso chegar à pia! Guarde essas facas; continue com as batatas. O que você fez com minha peneira? Oh, deixe essas batatas. Eu não mandei você desnatar o *bouillon*? Tire aquela lata de água do fogão. Esqueça a lavagem, pique este aipo. Não, assim não, seu tolo, assim. Isso!

Olhe só, está deixando essas ervilhas ferver! Agora comece a trabalhar e tirar as escamas desses arenques. Olhe, você acha que esse prato está limpo? Limpe com o avental. Ponha essa salada no chão. É isso mesmo, ponha onde vou pisar! Cuidado, aquela panela está fervendo! Pegue aquela panela no alto. Não, a outra. Ponha na grelha. Jogue fora essas batatas. Não perca tempo, jogue no chão. Pise nelas. Agora jogue um pouco de serragem; esse chão parece um rinque. Olhe, seu idiota, aquele bife está queimando! *Mon Dieu*, por que me mandaram um idiota como *plongeur*? Com quem pensa que está falando? Sabe que minha tia era uma condessa russa? – e assim por diante.

Isso se estendia até as três horas sem muita variação, com exceção de uma pequena *crise de nerfs* e uma torrente de lágrimas que a cozinheira derramava por volta das onze. Os garçons tinham folga das três às cinco, mas a cozinheira ainda estava ocupada, e eu trabalhava o mais rápido que podia, pois havia uma pilha de pratos sujos esperando e era uma correria para lavar todos, ou parte deles antes de o jantar começar. A tarefa era duplicada pelas condições primitivas – um escorredor apertado, água morna, panos encharcados e uma pia que entupia uma vez por hora. Por volta das cinco, a cozinheira e eu estávamos meio tontos, sem comer ou sentar desde as sete. Costumávamos desabar, ela na lata de lixo e eu no chão, beber uma garrafa de cerveja e pedir desculpas por algumas coisas que tínhamos falado pela manhã. O chá era o que nos fazia continuar. Cuidávamos para ter sempre um bule cheio e bebíamos canecas durante o dia.

Às cinco e meia recomeçavam a correria e as brigas, piores do que antes, porque todos estavam cansados. A cozinheira tinha uma *crise de nerfs* às seis e outra às nove; eram tão regulares que se podia controlar o horário pelos episódios. Ela desmoronava sobre a lata de lixo, começava a chorar de maneira histérica e gritava que nunca, não, nunca havia pensado em ter uma vida como essa; seus nervos não suportariam; ela havia estudado música em Viena; tinha um marido acamado para sustentar, etc. etc. Em outras circunstâncias, alguém teria sentido pena dela, mas, cansados como estávamos, sua voz chorosa só nos enfurecia. Jules costumava parar na porta e imitar seu choro. A esposa do *patron* resmungava, e Boris e Jules brigavam o dia todo, porque Jules fugia do trabalho, e Boris, como garçom-chefe, ficava com a maior parte das gorjetas. Já no segundo dia depois da inauguração do restaurante, eles começaram a brigar na cozinha por causa de uma gorjeta de dois francos, e a cozinheira e eu tivemos de separá-los. A única pessoa que nunca esquecia suas maneiras era o *patron*. Ele mantinha o mesmo horário que todos nós, mas não tinha trabalho para fazer, pois era a esposa dele quem realmente administrava tudo. Sua única função, além de encomendar os suprimentos, era ficar no bar fumando e parecendo um cavalheiro, e isso ele fazia com perfeição.

A cozinheira e eu geralmente achávamos tempo para jantar entre dez e onze horas. À meia-noite, a cozinheira roubava um pacote de comida para o marido, enfiava-o debaixo das roupas e fugia, choramingando que esse horário a mataria e que ela se demitiria pela manhã. Jules também saía à meia-noite, geralmente depois de uma briga com Boris, que tinha que cuidar do bar até as duas. Entre meia-noite e meia-noite e meia, eu fazia o possível para terminar de lavar a louça. O tempo não era suficiente para tentar fazer o trabalho direito, e eu costumava simplesmente esfregar a gordura dos pratos com guardanapos. Quanto à sujeira no chão, deixava lá, ou varria o pior para baixo dos fogões.

À meia-noite e meia, eu vestia meu casaco e saía correndo. O *patron*, calmo como sempre, me parava quando eu passava pelo corredor do bar.

– *Mais, mon cher monsieur*, como parece cansado! Por favor, aceite este copo de conhaque.

Ele me entregava a taça de conhaque com grande cortesia, como se eu fosse um duque russo, não um *plongeur*. Era assim que tratava todos nós. Essa era nossa remuneração por dezessete horas diárias de trabalho.

GEORGE ORWELL

Via de regra, o último metrô ficava quase vazio, uma grande vantagem, porque se podia sentar e dormir por quinze minutos. Geralmente, à uma e meia eu estava na cama. Às vezes perdia o trem e tinha que dormir no chão do restaurante, mas isso nem tinha muita importância, porque àquela hora eu seria capaz de dormir sobre paralelepípedos.

CAPÍTULO 21

Essa vida durou umas duas semanas, com um ligeiro aumento de trabalho à medida que mais clientes descobriam o restaurante. Eu poderia ter economizado uma hora por dia alugando um quarto perto do restaurante, mas era impossível encontrar tempo para mudar de endereço – ou, na verdade, para cortar o cabelo, olhar um jornal ou até me despir completamente. Depois de dez dias, consegui ter quinze minutos livres e escrevi para meu amigo B. em Londres perguntando se ele poderia me arranjar algum tipo de emprego, qualquer coisa, desde que me permitisse mais de cinco horas de sono. Simplesmente não me sentia capaz de continuar com uma jornada de dezessete horas, embora muita gente não pense como eu. Quando se está sobrecarregado, um bom remédio para a autopiedade é pensar nos milhares de pessoas nos restaurantes de Paris que trabalham nesse mesmo ritmo e vão continuar trabalhando, não por algumas semanas, mas por anos. Havia uma garota em um bistrô perto do meu hotel que trabalhou das sete da manhã à meia-noite durante um ano inteiro, sentando apenas para fazer suas refeições. Lembro-me de uma vez que a convidei para ir a um baile, ela riu e disse que fazia vários meses que não ia além da esquina. Ela estava tuberculosa e morreu mais ou menos na época em que deixei Paris.

Depois de apenas uma semana, estávamos todos neurastênicos de fadiga, exceto Jules, que fugia do trabalho de maneira persistente. As brigas, a princípio intermitentes, se tornaram contínuas. Alguém passava horas sustentando um fluxo constante de resmungos inúteis, que se transformava em tempestades de abuso em intervalos regulares de alguns minutos.

– Pega essa panela, idiota! – gritava a cozinheira (ela não era alta o suficiente para alcançar as prateleiras onde as panelas eram guardadas).

– Pega você, sua puta velha – eu respondia.

Esses comentários pareciam ser gerados espontaneamente pelo ar da cozinha.

Discutíamos por coisas de uma mesquinhez inconcebível. A lata de lixo, por exemplo, era uma fonte interminável de brigas – se deveria ser colocada onde eu queria, que era no caminho da cozinheira, ou onde ela queria, que era entre mim e a pia. Certa vez, ela me importunou e me importunou até que, por fim, por puro rancor, peguei a lata de lixo e a pus no meio da cozinha, onde ela certamente tropeçaria.

– Agora, sua vaca – falei – tire daí você mesma.

Pobre velha, a lata era pesada demais para ela levantar, e ela se sentou, apoiou a cabeça na mesa e começou a chorar. E eu debochei dela. Esse é o tipo de efeito que a fadiga exerce sobre o comportamento de uma pessoa.

Depois de alguns dias, a cozinheira parou de falar sobre Tolstói e sua natureza artística, e ela e eu não conversávamos mais, exceto sobre coisas do trabalho, e Boris e Jules não estavam se falando, e nenhum dos dois falava com a cozinheira. Até Boris e eu mal falávamos um com o outro. Tínhamos combinado de antemão que os *engueulades* do horário de expediente não fariam diferença fora do trabalho; mas tínhamos chamado um ao outro de coisas muito ruins para serem esquecidas, e, além disso, não havia mais nada fora do trabalho. Jules foi ficando cada vez mais preguiçoso e roubava comida constantemente, por uma noção de dever, dizia. Ele chamava os outros de *jaune* – pelego – quando se recusavam a roubar com ele. Jules tinha um espírito curioso, maligno. Ele me disse, como se fosse motivo de orgulho, que às vezes torcia um pano de prato sujo na sopa de um cliente antes de levá-la, só para se vingar de um membro da burguesia.

A cozinha ficou mais suja, e os ratos, mais ousados, embora tivéssemos capturado alguns nas ratoeiras. Olhando para aquele lugar imundo, com carne crua jogada em meio ao lixo no chão, panelas frias, com sujeira grudada, espalhadas por toda parte e a pia entupida e coberta de gordura, eu me perguntava se poderia haver no mundo um restaurante tão ruim quanto o nosso. Mas os outros três disseram que já haviam estado em lugares mais sujos. Jules sentia prazer em ver as coisas sujas. À tarde, quando não tinha muito o que fazer, ele ficava parado na porta da cozinha zombando de nós por trabalharmos demais:

– Idiota! Por que você lava esse prato? Limpa na calça. Quem se preocupa com os clientes? Eles não sabem o que está acontecendo. O que é trabalhar em restaurante? Você está cortando uma galinha e ela cai no chão. Você se desculpa, se curva, se retira; e em cinco minutos você volta por outra porta com a mesma galinha. Isso é trabalhar em restaurante.
– E coisas assim.

E, é estranho dizer, apesar de toda essa imundície e incompetência, o Auberge de Jehan Cottard era realmente um sucesso. Nos primeiros dias, todos os nossos clientes eram russos, amigos do *patron*, e depois deles vieram os americanos e outros estrangeiros – nenhum francês. Certa noite, houve uma tremenda comoção, porque nosso primeiro francês havia chegado. Por um momento, esquecemos nossas brigas e nos unimos no esforço de servir um bom jantar. Boris entrou na cozinha na ponta dos pés, apontou o polegar por cima do ombro e sussurrou com tom conspirador:

– *Sh! Attention, un Français!*

Um momento depois, a esposa do *patron* entrou e sussurrou:

– *Attention, un Français!* Sirvam para ele o dobro da porção de vegetais.

Enquanto o francês comia, a esposa do *patron* ficou atrás da grade da porta da cozinha observando sua expressão. Na noite seguinte, o francês voltou com dois outros franceses. Isso significava que estávamos construindo um bom nome; o sinal mais seguro de que um restaurante é ruim é ser frequentado apenas por estrangeiros. Provavelmente, parte do motivo de nosso sucesso era que o *patron*, com o único vislumbre de bom senso que demonstrara ao equipar o restaurante, comprara facas de mesa muito afiadas. Facas afiadas, é claro, são o segredo de um restaurante de sucesso. Fico feliz por isso ter acontecido, pois destruiu uma de minhas ilusões, a de que os franceses conhecem uma boa comida quando a veem. Ou talvez fôssemos um restaurante bastante bom para os padrões de Paris; nesse caso, os ruins devem estar além do que se pode imaginar.

Poucos dias depois de eu ter escrito para B., ele respondeu contando que podia arrumar um emprego para mim. O trabalho era cuidar de um imbecil congênito, o que parecia um esplêndido tratamento de repouso, depois do Auberge de Jehan Cottard. Imaginei-me andando à toa por ruas do interior, batendo nas flores com a bengala, me alimentando de cordeiro assado e torta de melaço e dormindo dez horas por noite em lençóis com cheiro de lavanda. B. me mandou uma nota de cinco dólares para pagar a passagem e tirar minhas roupas do penhor e, assim que o dinheiro chegou, avisei com um dia de antecedência e saí do restaurante. Minha partida repentina deixou o *patron* em uma situação constrangedora, porque, como sempre, ele estava sem dinheiro e teve que pagar trinta francos menos do que me devia. No entanto, ele me serviu uma taça de conhaque Courvoisier '48, e acho que sentiu que isso fez a diferença. Eles contrataram um tcheco, um *plongeur* totalmente competente para ficar no meu lugar, e a pobre velha cozinheira foi demitida algumas semanas depois. Mais tarde eu soube que, com duas pessoas de primeira linha na cozinha, o trabalho do *plongeur* fora reduzido para quinze horas por dia. Nada poderia reduzir o expediente a menos que isso, exceto modernizar a cozinha.

CAPÍTULO 22

Não sei se vai servir para alguma coisa, mas quero dar minha opinião sobre a vida de um *plongeur* de Paris. Quando se pensa nisso, é estranho que milhares de pessoas em uma grande cidade moderna passem suas horas de vigília limpando pratos em buracos quentes e subterrâneos. A questão que estou levantando aqui é por que essa vida continua – a que propósito ela serve, e quem quer que continue sendo assim, e por que não estou assumindo a atitude meramente rebelde, *fainéant*. Estou tentando considerar a importância social da vida de um *plongeur*.

Acho que se deve começar dizendo que o *plongeur* é um dos escravos do mundo moderno. Não que haja alguma necessidade de chorar por ele, pois está em melhor situação do que muitos trabalhadores braçais, mas, mesmo assim, não é mais livre do que se fosse comprado e vendido. Seu trabalho é servil e sem arte; ele recebe apenas o suficiente para sobreviver; só tem férias quando é demitido. Ele é privado do casamento ou, se casar, sua esposa também tem que trabalhar. Exceto por um golpe de sorte, ele não tem como escapar dessa vida, a menos que seja preso. Neste momento, há homens com um diploma universitário lavando pratos em Paris durante

123

dez ou quinze horas por dia. Não se pode dizer que é mera preguiça da parte deles, porque um homem preguiçoso não pode ser *plongeur*; eles simplesmente foram aprisionados por uma rotina que torna impossível pensar. Se os *plongeurs* pensassem, já teriam criado um sindicato e entrado em greve por um tratamento melhor. Mas eles não pensam, porque não têm tempo livre para isso; a vida que levam fez deles escravos.

A questão é: por que essa escravidão continua? As pessoas costumam presumir que todo trabalho é realizado com um firme propósito. Elas veem outra pessoa fazer um trabalho desagradável e pensam que resolveram tudo dizendo que o trabalho é necessário. A mineração de carvão, por exemplo, é um trabalho árduo, mas é necessário – precisamos de carvão. Trabalhar nos esgotos é desagradável, mas alguém tem que trabalhar nos esgotos. E é assim também com o trabalho de um *plongeur*. Algumas pessoas precisam se alimentar em restaurantes e, portanto, outras pessoas precisam lavar os pratos oitenta horas por semana. É obra da civilização, portanto, inquestionável. Este ponto é digno de consideração.

O trabalho de um *plongeur* é realmente necessário para a civilização? Temos a sensação de que deve ser trabalho "honesto", porque é difícil e desagradável, e criamos uma espécie de fetiche do trabalho braçal. Vemos um homem cortar uma árvore e temos certeza de que ele está atendendo a uma necessidade social, só porque usa os músculos; não nos ocorre que talvez ele esteja cortando uma bela árvore só para dar lugar a uma estátua horrível. Acredito que seja assim também com um *plongeur*. Ele ganha o pão com o suor de seu rosto, mas isso não quer dizer que esteja fazendo algo útil; ele pode estar apenas oferecendo um luxo que, muitas vezes, não é um luxo.

Como exemplo do que quero dizer com luxos que não são luxos, vejamos um caso extremo, como dificilmente se vê na Europa. Vamos pensar em um puxador de riquixá indiano, ou um pônei atrelado a um *gharry*. Em qualquer cidade do Extremo Oriente, há centenas de puxadores de riquixás, negros desgraçados pesando cinquenta quilos e vestidos com uma tanga. Alguns estão doentes; alguns têm 50 anos. Eles trotam por quilômetros e quilômetros sob sol ou chuva, de cabeça baixa, puxando os veículos com o suor escorrendo dos bigodes grisalhos. Quando vão muito devagar, o passageiro os chama de *bahinchut*. Eles ganham trinta ou quarenta rúpias por mês e tossem até quase cuspir os pulmões depois de alguns anos. Os pôneis dos *gharry* são coisas magras e judiadas que foram vendidas por um preço baixo por terem poucos anos de trabalho restantes. O dono considera o chicote um substituto da comida. O trabalho se traduz em uma espécie de equação: chicote mais comida é igual a energia; geralmente é cerca de sessenta por cento de chicote e quarenta por cento de comida. Às vezes, uma grande ferida contorna o pescoço, de modo que puxam o carrinho o dia todo em carne viva. Mas ainda é possível fazê-los trabalhar; é apenas uma questão de espancá-los com tanta força que a dor da parte de trás supere a dor da parte da frente. Depois de alguns anos, até o chicote perde o efeito, e o pônei é sacrificado. Esses são exemplos de trabalho desnecessário, porque não há uma real necessidade de *gharries* e riquixás; eles só existem porque os orientais consideram vulgar andar a pé. São luxos e, como sabe qualquer um que os tenha utilizado, luxos muito pobres. Eles oferecem um mínimo de conveniência, que não pode compensar o sofrimento dos homens e dos animais.

É semelhante com o *plongeur*. Ele é um rei, comparado a um puxador de riquixá ou a um pônei de *gharry*, mas seu caso é parecido. É escravo de um hotel ou restaurante, e sua escravidão é mais ou menos inútil. Afinal, onde está a real necessidade de grandes hotéis e restaurantes elegantes? Eles deveriam fornecer luxo, mas na verdade só oferecem uma imitação barata e de má qualidade. Quase todo mundo odeia hotéis. Alguns restaurantes são melhores que outros, mas é impossível conseguir uma refeição tão boa em um restaurante quanto se conseguiria, pelo mesmo preço, em uma casa particular. Sem dúvida, hotéis e restaurantes precisam existir, mas não há necessidade de escravizar centenas de pessoas. O que dá tanto trabalho neles não é o essencial; são as fraudes que supostamente representam o luxo. Requinte, como é chamado, significa, na verdade, apenas que a equipe trabalha mais e os clientes pagam mais; ninguém se beneficia, exceto o proprietário, que em breve vai comprar uma *villa* em Deauville. Em essência, um hotel "requintado" é um lugar onde cem pessoas trabalham como demônios para que duzentas possam pagar caro por coisas que realmente não querem. Se o absurdo fosse eliminado dos hotéis e restaurantes, e o trabalho fosse feito com eficiência simples, os *plongeurs* poderiam trabalhar seis ou oito horas por dia, em vez de quinze.

Suponha que se admita que o trabalho de um *plongeur* é mais ou menos inútil. Então surge a pergunta: Por que alguém quer que ele continue trabalhando? Estou tentando ir além da causa econômica imediata e pensar que prazer alguém pode sentir pensando em homens esfregando pratos pelo resto da vida. Pois não há dúvida de que as pessoas – pessoas em uma situação confortável – encontram prazer nesses pensamentos. Um escravo, disse Catão, deve trabalhar quando não está dormindo. Não importa se seu trabalho é necessário ou não, ele tem que trabalhar, porque o trabalho em si é bom – para escravos, pelo menos. Esse sentimento ainda sobrevive e acumulou montanhas de esforço inútil.

Acredito que esse instinto de perpetuar o trabalho inútil é, no fundo, simplesmente medo da turba. A turba (é o pensamento corrente) é formada por animais tão baixos que seriam perigosos, se tivessem lazer; é mais seguro mantê-los ocupados demais para pensar. Um homem rico que passa a ser intelectualmente honesto, quando questionado sobre a melhoria das condições de trabalho, geralmente diz algo assim:

Sabemos que a pobreza é desagradável; na verdade, já que é tão distante, preferimos nos atormentar pensando como ela é desagradável. Mas não espere que façamos algo a respeito. Sentimos muito por vocês, classes inferiores, assim como sentimos por um gato com sarna, mas lutaremos como demônios contra qualquer melhora de sua condição. Sentimos que você está muito mais seguro como é. A

NA PIOR EM PARIS E LONDRES

situação atual é adequada para nós, e não vamos correr o risco de libertá-los, nem mesmo por mais uma hora por dia. Então, queridos irmãos, já que evidentemente vocês devem suar para pagar nossas viagens à Itália, suem e que se danem.

Essa é particularmente a atitude de pessoas inteligentes e cultas; é possível ler sua essência em uma centena de ensaios. Pouquíssimas pessoas cultas ganham menos de (digamos) quatrocentas libras por ano e, naturalmente, ficam do lado dos ricos, porque imaginam que qualquer liberdade concedida aos pobres é uma ameaça à sua própria liberdade. Prevendo alguma utopia marxista sombria como alternativa, o homem culto prefere manter as coisas como estão. Possivelmente ele não gosta muito de seus companheiros ricos, mas supõe que mesmo os mais vulgares entre eles são menos hostis aos seus prazeres, mais seu tipo de gente, do que os pobres, e que é melhor ele ficar ao lado deles. É esse medo de uma turba supostamente perigosa que torna quase todas as pessoas inteligentes conservadoras em suas opiniões.

O medo da turba é um medo supersticioso. Baseia-se na ideia de que existe alguma diferença misteriosa e fundamental entre ricos e pobres, como se fossem duas raças diferentes, como negros e brancos. Mas, na verdade, essa diferença não existe. A massa de ricos e pobres se diferencia por renda e nada mais, e o milionário mediano é apenas o lavador de pratos mediano vestido com um terno novo. Inverta as posições, e pronto, quem é a justiça, quem é o ladrão? Todo mundo que convive com pobres sabe disso muito bem. Mas o problema é que pessoas inteligentes e cultas, as mesmas pessoas de quem se espera que tenham opiniões liberais, nunca se misturam com os pobres. Pois o que a maioria das pessoas instruídas sabe sobre a pobreza? Em minha cópia dos poemas de Villon, o editor realmente achou necessário explicar o verso *'Ne pain ne voyent qu'aux fenestres'* com uma nota de rodapé; até a fome é muito distante da experiência do homem educado.

GEORGE ORWELL

Dessa ignorância resulta naturalmente um medo supersticioso da turba. O homem educado imagina uma horda de sub-homens, que só querem um dia de liberdade para saquear sua casa, queimar seus livros e colocá-lo para trabalhar cuidando de uma máquina ou varrendo um banheiro. "Qualquer coisa", pensa ele, "qualquer injustiça, a deixar a turba sol". Ele não vê que, uma vez que não existe diferença entre a massa de ricos e pobres, não há dúvida ou questão sobre soltar a turba. A turba está solta agora, de fato, e – na forma de homens ricos – usa seu poder para construir enormes moinhos de tédio, como hotéis "requintados".

Para resumir. Um *plongeur* é um escravo, e um escravo desperdiçado, que faz um trabalho estúpido e muito desnecessário. Ele é mantido no trabalho, em última análise, em razão de uma vaga sensação de que seria perigoso, se tivesse tempo livre. E as pessoas educadas, que deveriam estar ao seu lado, consentem no processo, porque nada sabem sobre ele e, consequentemente, têm medo dele. Digo isso sobre o *plongeur* porque é o caso dele que venho considerando; mas, isso se aplicaria igualmente a inúmeros outros tipos de trabalhadores. Estas são apenas minhas ideias pessoais sobre os fatos básicos da vida de um *plongeur*, postas sem referência a questões econômicas imediatas e, sem dúvida, em grande parte banalidades. Eu as apresento como uma amostra dos pensamentos que o trabalho em um hotel planta na cabeça do indivíduo.

CAPÍTULO 23

Assim que deixei o Auberge de Jehan Cottard, fui para a cama e dormi por vinte e três horas. Depois escovei os dentes pela primeira vez em quinze dias, tomei banho, cortei o cabelo e tirei as roupas do penhor. Tive dois dias gloriosos de vadiagem. Até fui ao Auberge vestido com meu melhor terno, encostei-me no balcão e gastei cinco francos numa garrafa de cerveja inglesa. É uma sensação curiosa ser cliente do mesmo lugar de que se foi escravo. Boris lamentou que eu tivesse saído do restaurante justamente no momento em que éramos *lancés* e havia uma chance de ganhar dinheiro. Tive notícias dele desde então, e ele me disse que ganha cem francos por dia e arranjou uma garota que é *très serieuse* e nunca cheira a alho.

Passei um dia andando pelo nosso bairro, me despedindo de todos. Foi nesse dia que Charlie me contou sobre a morte do velho Roucolle, o avarento, que morava na vizinhança. Muito provavelmente Charlie estava mentindo como sempre, mas era uma boa história.

Roucolle morreu aos 74 anos, um ou dois antes de eu ir para Paris, mas as pessoas no bairro ainda falavam dele quando estive lá. Ele nunca se igualou a Daniel Dancer ou qualquer pessoa desse tipo, mas era um personagem interessante. Ia a Les Halles todas as manhãs para pegar vegetais passados e comia carne de gato, usava jornal em vez de roupa de baixo, usava o lambris do quarto como lenha e fazia a própria calça com um saco, tudo isso com meio milhão de francos investidos. Eu gostaria muito de tê-lo conhecido.

Como muitos avarentos, Roucolle teve um resultado ruim ao colocar seu dinheiro em um esquema arriscado. Um dia, um judeu apareceu no bairro, um rapaz alerta e profissional que tinha um plano de primeira para contrabandear cocaína para a Inglaterra. Claro que é fácil comprar cocaína em Paris, e o contrabando seria bastante simples, só que sempre tem um espião que denuncia o plano à alfândega ou à polícia. Diz-se que os delatores muitas vezes são as próprias pessoas que vendem a cocaína, porque o contrabando está nas mãos de um grande grupo que não quer concorrência. O judeu, porém, jurou que não havia perigo. Ele conhecia uma maneira de conseguir cocaína direto de Viena, não pelos canais habituais, e não teria que pagar nenhum chantagista. Ele entrou em contato com Roucolle por meio de um jovem polonês, um estudante da Sorbonne, que colocaria quatro mil francos no esquema se Roucolle colocasse seis mil. Com isso, poderiam comprar quase cinco quilos de cocaína, o que valeria uma pequena fortuna na Inglaterra.

O polonês e o judeu tiveram que fazer um esforço tremendo para tirar o dinheiro das garras do velho Roucolle. Seis mil francos não eram muita coisa, ele tinha mais que isso dentro do colchão de seu quarto, mas era uma agonia para ele se separar de um centavo. O polonês e o judeu ficaram atrás dele por semanas, explicando, intimidando, persuadindo, discutindo, ajoelhando e implorando para que fornecesse o dinheiro. O velho estava meio frenético, dividido entre a ganância e o medo. As entranhas doíam com a ideia de lucrar, talvez, uns cinquenta mil francos, mas ele não conseguia arriscar o dinheiro. Sentava-se em um canto com a cabeça entre as mãos e gemendo, às vezes gritando em agonia, e muitas vezes se ajoelhava (ele era muito religioso) e orava pedindo forças, mas nem

Na pior em Paris e Londres

assim conseguia. No fim, mais por exaustão do que qualquer outra coisa, ele cedeu de repente; abriu o colchão onde o dinheiro estava escondido e entregou mais de seis mil francos ao judeu.

O judeu entregou a cocaína no mesmo dia e desapareceu imediatamente. Enquanto isso, e de maneira nada surpreendente, depois do rebuliço provocado por Roucolle, o caso foi divulgado por todo o bairro. Na manhã seguinte, o hotel foi invadido pela polícia e revistado.

Roucolle e o polonês ficaram aflitos. A polícia estava lá embaixo, subindo e revistando todos os cômodos, e lá estava aquele grande pacote de cocaína sobre a mesa, sem lugar que servisse de esconderijo e sem chance de escaparem pela escada. O polonês sugeriu que jogassem pela janela, mas Roucolle não quis nem ouvir falar nisso. Charlie me disse que estava lá. Ele contou que, quando tentaram tirar o pacote de Roucolle, ele o apertou contra o peito e lutou como um louco, embora tivesse 74 anos. Estava apavorado, mas preferia ir para a prisão a jogar dinheiro fora.

Por fim, quando a polícia estava revistando o andar de baixo, alguém teve uma ideia. Um homem no andar de Roucolle tinha uma dúzia de latas de pó facial que estava vendendo por encomenda; ele sugeriu que a cocaína fosse colocada nas latas, onde passaria por pó facial. O pó foi jogado pela janela às pressas e substituído pela cocaína, e as latas foram deixadas à vista sobre a mesa de Roucolle, como se ali não houvesse nada a esconder. Poucos minutos depois, a polícia foi revistar o quarto de Roucolle. Bateram nas paredes, olharam a chaminé, reviraram as gavetas e examinaram as tábuas do chão e então, quando estavam quase desistindo sem encontrar nada, o inspetor notou as latas em cima da mesa.

– *Tiens* – disse ele –, dê uma olhada nessas latas. Eu não as tinha notado. O que tem nelas, hein?

– Pó para o rosto – disse o polonês com toda a calma de que era capaz. Mas, no mesmo instante, Roucolle soltou um gemido alto, alarmado, e a polícia suspeitou imediatamente. Abriram uma das latas e despejaram o conteúdo, e, após cheirar, o inspetor disse suspeitar de que era cocaína.

Roucolle e o polonês começaram a jurar por todos os santos que era só pó facial; mas não adiantou, quanto mais eles protestavam, mais desconfiada a polícia ficava. Os dois homens foram presos e conduzidos à delegacia, seguidos por metade do bairro.

Na delegacia, Roucolle e o polonês foram interrogados pelo *commissaire,* enquanto uma lata da cocaína era enviada para análise. Charlie disse que a cena que Roucolle fez foi indescritível. Ele chorou, rezou, deu declarações contraditórias e denunciou o polonês imediatamente, tão alto que se podia ouvir tudo a meia rua de distância. Os policiais quase explodiram de tanto rir dele.

Depois de uma hora, um policial voltou com a lata de cocaína e um bilhete do analista. Ele ria.

– Isto não é cocaína, *monsieur* – disse ele.

– O quê, não é cocaína? – disse o *commissaire.* – *Mais, alors...* o que é, então?

– É pó facial.

Roucolle e o polonês foram liberados imediatamente, totalmente inocentados, mas muito zangados. O judeu os havia enganado. Depois, quando toda a comoção acabou, soube-se que ele dera o mesmo golpe em duas outras pessoas no quarteirão.

O polonês estava feliz por ter escapado, embora tivesse perdido seus quatro mil francos, mas o pobre Roucolle ficou completamente arrasado. Ele foi para a cama imediatamente, e durante todo aquele dia e metade da noite foi possível ouvi-lo se debatendo, resmungando e, às vezes, gritando com toda a força da voz:

– Seis mil francos! *Nom de Jésus-Christ!* Seis mil francos!

Três dias depois, ele teve uma espécie de derrame e, em quinze dias, estava morto – morreu de tristeza, disse Charlie.

CAPÍTULO 24

Viajei para a Inglaterra de terceira classe via Dunquerque e Tilbury, que é a forma mais barata, e não a pior, de atravessar o Canal da Mancha. Você teve que pagar a mais por uma cabine, então dormi no salão, junto com a maioria dos passageiros da terceira classe. Meu diário tem este registro daquele dia:

> *Dormindo no salão, vinte e sete homens, dezesseis mulheres. Das mulheres, nenhuma lavou o rosto esta manhã. A maioria dos homens foi ao banheiro; as mulheres só abriram estojos e cobriram a sujeira com pó. Pergunta: uma diferença sexual secundária?*

Durante a viagem, conheci dois romenos, praticamente crianças, que estavam indo para a Inglaterra em viagem de lua de mel. Eles fizeram inúmeras perguntas sobre a Inglaterra, e eu contei algumas mentiras surpreendentes. Estava tão feliz por voltar para casa, depois de passar meses de dificuldade em uma cidade estrangeira, que a Inglaterra me parecia uma espécie de paraíso. Há, de fato, muitas coisas na Inglaterra que deixam a

133

pessoa feliz em voltar para casa; banheiros, poltronas, molho de hortelã, batatas novas cozidas corretamente, pão preto, geleia, cerveja de verdadeiros lúpulos, tudo esplêndido, se puder pagar por isso. A Inglaterra é um país muito bom quando não se é pobre; e, claro, cuidando de um imbecil manso, eu não seria pobre. A ideia de não ser pobre me tornava muito patriota. Quanto mais perguntas os romenos faziam, mais eu elogiava a Inglaterra; o clima, a paisagem, a arte, a literatura, as leis – tudo na Inglaterra era perfeito.

"A arquitetura na Inglaterra era boa?", perguntaram os romenos.

– Esplêndida! – eu disse. – E vocês deveriam ver as estátuas de Londres! Paris é vulgar – metade grandiosidade e metade cortiços. Mas Londres...

Então o barco atracou no cais de Tilbury. O primeiro prédio que vimos na orla foi um daqueles enormes hotéis, todos de estuque e pináculos, que espiam da costa inglesa como idiotas olhando por cima de um muro de hospício. Vi os romenos, educados demais para falar qualquer coisa, olhando para o hotel.

– Construído por arquitetos franceses – garanti; e mesmo mais tarde, quando o trem estava entrando em Londres pelos cortiços do leste, continuei falando sobre as belezas da arquitetura inglesa. Nada parecia bom demais para ser dito sobre a Inglaterra, agora que eu estava voltando para casa e não estava mais duro.

Fui ao escritório de B., e as primeiras palavras dele fizeram tudo desmoronar.

– Sinto muito – ele disse. – Seus empregadores viajaram para o exterior e levaram o paciente. No entanto, estarão de volta em um mês. Suponho que possa aguentar até lá.

Eu estava na rua antes mesmo de pensar em pedir mais dinheiro emprestado. Teria que esperar um mês e tinha exatamente dezenove xelins e seis pence. A notícia me tirou o fôlego. Por um longo tempo, não consegui decidir o que fazer. Passei o dia andando pelas ruas e, à noite, sem ter a menor noção de como encontrar uma cama barata em Londres, fui para um hotel "familiar", cujo preço era sete xelins e seis pence. Depois de pagar a conta, fiquei com dez xelins e dois pence.

De manhã, eu tinha traçado planos. Mais cedo ou mais tarde, teria que ir procurar B. e pedir mais dinheiro, mas não parecia decente fazer isso já, e até lá eu teria que existir em algum tipo de buraco ou canto. A experiência me impedia de penhorar meu melhor terno. Deixaria as minhas coisas no vestiário da estação, exceto meu segundo melhor terno, que poderia trocar por algumas poucas roupas baratas e talvez uma libra. Se teria que viver por um mês com trinta xelins, melhor estar com roupas ruins – na verdade, quanto pior, melhor. Se trinta xelins durariam um mês era algo que eu não sabia, pois não conhecia Londres como conhecia Paris. Talvez eu pudesse mendigar ou vender cadarços de sapato, e me lembrei de artigos que li nos jornais de domingo sobre mendigos que têm duas mil libras costuradas em suas calças. De qualquer forma, era notoriamente impossível morrer de fome em Londres, então não havia nada com que me preocupar.

Para vender minhas roupas, fui a Lambeth, onde as pessoas são pobres e há muitos brechós. Na primeira loja em que tentei, o proprietário foi educado, mas inútil; na segunda ele foi rude; na terceira, o homem era surdo como uma pedra, ou fingia ser. O quarto vendedor era um jovem alto e louro, todo corado como uma fatia de presunto. Ele olhou para as roupas que eu estava usando e as tocou com desdém, sentindo o tecido entre o polegar e o indicador.

– Coisa de má qualidade – disse – bem ruim. – (Era um terno muito bom.) – O que quer pelas peças?

Expliquei que queria algumas roupas mais velhas e todo o dinheiro que ele pudesse pagar. O rapaz pensou por um momento, depois recolheu alguns trapos de aparência suja e os jogou sobre o balcão

– E o dinheiro? – perguntei, esperando uma libra. Ele franziu os lábios, pegou um xelim e o colocou ao lado das roupas. Não discuti – até ia, mas, quando abri a boca, ele estendeu a mão como se fosse pegar o xelim de volta; vi que não havia o que fazer. Ele permitiu que eu trocasse de roupa em uma pequena sala atrás da loja.

As roupas eram um casaco, que um dia foi marrom escuro, uma calça preta de algodão grosseiro, um lenço e um boné de pano. Eu tinha guardado minha camisa, meias e botas, e tinha um pente e navalha no bolso. Dá uma sensação muito estranha usar essas roupas. Eu já tinha usado roupas ruins antes, mas nada parecido com isso; não eram apenas sujas e sem forma, mas tinham... como alguém pode expressar isso? Tinham uma falta de elegância, uma pátina de imundície antiga, o que era bem diferente de serem baratas. Eram o tipo de roupa que se vê em um vendedor de cadarços para sapato ou em um vagabundo. Uma hora depois, em Lambeth, vi um desgraçado, obviamente um vagabundo, vindo em minha direção e, quando olhei de novo, era eu mesmo refletido na vitrine de uma loja. A sujeira já cobria meu rosto. A sujeira respeita muito as pessoas; deixa em paz quem está bem vestido, mas basta desaparecer o colarinho, e ela vem de todas as direções.

Fiquei nas ruas até tarde da noite, sempre em movimento. Vestido como estava, tinha medo de que a polícia me prendesse como vagabundo e não ousava falar com ninguém, imaginando que notariam uma disparidade entre meu sotaque e minhas roupas. (Mais tarde, descobri que isso nunca aconteceu.) Minhas novas roupas me colocaram instantaneamente em um novo mundo. O comportamento das pessoas parecia ter mudado bruscamente. Ajudei um vendedor ambulante a pegar um carrinho de mão que ele havia tombado.

– Obrigado, amigo – disse ele com um sorriso. Ninguém tinha me chamado de amigo antes na minha vida; foram as roupas que fizeram isso. Pela primeira vez, percebi também como a atitude das mulheres varia com as roupas dos homens. Quando um homem mal vestido passa por elas, afastam-se dele com um movimento de nojo evidente, como se ele fosse um gato morto. As roupas têm poder. Vestido com roupas de vagabundo, é muito difícil, pelo menos no primeiro dia, não se sentir genuinamente

Na pior em Paris e Londres

degradado. Você pode sentir a mesma vergonha, irracional, mas muito real, em sua primeira noite na prisão.

Por volta das onze, comecei a procurar uma cama. Tinha lido sobre albergues (eles nunca são chamados de albergues, aliás) e imaginei que pudesse conseguir uma cama por quatro pence, ou algo assim. Ao ver um homem, um marinheiro ou coisa parecida, parado no meio-fio da Waterloo Road, parei e pedi informações. Disse que estava sem dinheiro e queria a cama mais barata que pudesse encontrar.

– Oh – ele disse –, tente aquela casa do outro lado da rua, aquela com a placa "Camas boas para homens solteiros". Lá é um bom lugar para dormir, é sim. Eu mesmo fiquei lá algumas vezes. Vai ver que é barato e limpo.

Era uma casa alta, de aparência malcuidada, com luzes fracas em todas as janelas, algumas delas remendadas com papel pardo. Entrei em um corredor de pedra, e um garotinho abatido com olhos sonolentos apareceu em uma porta que dava para um porão. Sons murmurantes vinham do porão, acompanhados por uma onda de ar quente e queijo. O menino bocejou e estendeu a mão.

– Quer um canto? Vai custar um xelim, chefe.

Paguei o xelim, e o menino me levou por uma escada instável e meio escura até um quarto. Tinha um cheiro adocicado de elixir paregórico e lençol sujo; as janelas pareciam estar bem fechadas, e o ar era quase sufocante, no início. Havia uma vela acesa, e vi que o quarto media uns cinco metros quadrados por uns dois e meio de altura, e tinha oito camas. Seis inquilinos já ocupavam as camas, formas estranhas e salientes cobertas com todas as roupas que tinham, inclusive as botas. Alguém tossia de um jeito horroroso em um canto.

Quando me deitei, descobri que o colchão era duro como uma tábua, e o travesseiro era só um cilindro duro como um bloco de madeira. Era bem pior que dormir em cima de uma mesa, porque a cama não tinha um metro e oitenta de comprimento e era muito estreita, e o colchão era convexo, de modo que era preciso se segurar para não cair. Os lençóis fediam tanto

GEORGE ORWELL

a suor que eu não os suportava perto do nariz. Além disso, a roupa de cama consistia apenas em lençóis e uma colcha de algodão, de modo que, embora abafado, não era muito quente. Vários ruídos ocorreram durante a noite. Mais ou menos uma vez a cada hora, o homem à minha esquerda, um marinheiro, acho, acordava, praguejava violentamente e acendia um cigarro. Outro homem, portador de uma doença na bexiga, levantou e usou o penico de maneira ruidosa meia dúzia de vezes durante a noite. O homem no canto tinha um ataque de tosse a cada vinte minutos, uma coisa tão regular que se passava a escutá-la como se escuta o próximo latido de um cachorro latindo para a lua. Era um som indizivelmente repelente; um borbulhar e espasmos de ânsia nauseantes, como se as entranhas do homem estivessem sendo revolvidas dentro dele. Uma vez, quando ele riscou um fósforo, vi que era um homem muito velho, com um rosto cinzento e encovado como o de um cadáver, e que usava a calça enrolada na cabeça como touca de dormir, coisa que por algum motivo me enojou muito. Cada vez que ele tossia ou o outro homem praguejava, uma voz sonolenta de uma das outras camas gritava:

– Cale a boca! Ah, pelo amor de Deus, cale a boca!

Dormi mais ou menos uma hora, no geral. De manhã, fui acordado por uma vaga impressão de alguma coisa grande e marrom vindo em minha direção. Abri os olhos e vi que era um dos pés do marinheiro, fora da cama e perto do meu rosto. Era marrom escuro, bem escuro como o de um índio, mas de sujeira. As paredes eram leprosas, e os lençóis, três semanas depois da lavagem, eram quase cor de âmbar. Levantei, me vesti e desci. No porão, havia uma fileira de bacias e duas toalhas escorregadias presas aos ganchos na parede. Eu tinha um pedaço de sabão no bolso e ia me lavar, quando percebi que todas as bacias estavam encardidas, uma imundície sólida, pegajosa, preta como graxa para sapatos. Saí sem me lavar. De maneira geral, o albergue não correspondia à descrição de barato e limpo. No entanto, como descobri mais tarde, era uma hospedaria bem representativa.

Na pior em Paris e Londres

Atravessei o rio e andei muito em direção ao leste, e finalmente entrei em um café em Tower Hill. Uma cafeteria londrina comum, como milhares de outras, parecia esquisita e estranha, depois de Paris. Era uma salinha abafada com bancos de espaldar alto que haviam estado na moda na década de 1940, o cardápio do dia era escrito em um espelho com um pedaço de sabão, e uma menina de 14 anos cuidava da louça. Os marinheiros comiam direto de pacotes de jornal e bebiam chá em enormes canecas sem pires, como tigelas de porcelana. Sozinho em um canto, um judeu devorava *bacon* com ar culpado e a cara enfiada no prato.

– Um pouco de chá, e pão com manteiga, por favor – eu disse à garota. Ela me encarou.

– Não tem manteiga, só margarina – disse ela, surpresa. E repetiu a ordem com a frase que é para Londres o que o eterno *coup de rouge* é para Paris:

– Chá grande e duas fatias!

Na parede ao lado do meu banco havia um aviso: "Não é permitido guardar açúcar no bolso", e embaixo dele algum cliente poético havia escrito *"Aquele que leva o açúcar será chamado de ... sujo"*, mas outra pessoa teve o trabalho de riscar a penúltima palavra. Isso era a Inglaterra. O chá e as duas fatias custaram três pence e meio, e eu fiquei com oito xelins e dois pence.

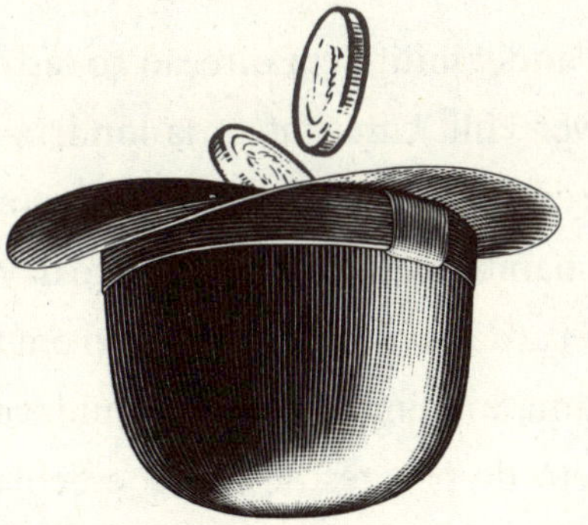

CAPÍTULO 25

Os oito xelins duraram três dias e quatro noites. Depois da minha experiência ruim na Waterloo Road, eu me mudei para o leste e passei a noite seguinte em uma pensão em Pencefields. Esta era uma pensão típica, como muitas outras em Londres. Tinha acomodações para cinquenta a cem homens e era administrada por um "ajudante" – isto é, um assistente do proprietário, porque essas hospedarias são negócios lucrativos e pertencem a homens ricos. Dormimos quinze ou vinte em um dormitório; as camas eram novamente frias e duras, mas os lençóis não ficavam mais de uma semana sem serem lavados, o que era uma melhoria. O preço era nove pence ou um xelim (no dormitório de um xelim, as camas ficavam a dois metros de distância, em vez de um), e a condição era dinheiro às sete da noite, ou rua.

No andar de baixo havia uma cozinha comum a todos os hóspedes, com fogo liberado e um estoque de panelas, chaleiras e garfos para tostar. Havia dois grandes fogões de tijolos que ficavam acesos dia e noite durante o ano todo. O trabalho de cuidar dos fogões, varrer a cozinha e fazer as camas era realizado pelos inquilinos, que se revezavam. Um dos mais antigos, um estivador de aparência normanda chamado Steve, era conhecido como o "chefe da casa", e era o árbitro de disputas e quem punha para fora aqueles que não pagavam.

Gostei da cozinha. Era um porão de teto baixo, muito quente e sonolento com a fumaça de carvão, iluminado apenas pelas labaredas que lançavam sombras negras e aveludadas nos cantos. Roupas velhas eram penduradas em cordas do teto depois de lavadas. Homens iluminados pela luminosidade, principalmente estivadores, moviam-se ao redor das fogueiras com panelas; alguns estavam despidos, pois tinham lavado as roupas e esperavam que secassem. À noite, havia jogos de cartas e tabuleiro, e canções – "Sou um sujeito que foi maltratado pelos pais" era uma das favoritas, assim como outra canção popular sobre um naufrágio. Às vezes, tarde da noite, os homens chegavam com um balde de mariscos que haviam comprado barato e dividiam com todos. A comida era compartilhada, e era um acordo tácito alimentar os homens que estavam sem trabalho. Uma criaturinha pálida e definhada, obviamente perto da morte, de quem sempre alguém dizia "pobre Brown, já esteve no médico e foi aberto três vezes", era regularmente alimentada pelos outros.

Dois ou três dos inquilinos eram aposentados. Até conhecê-los, eu nunca havia me dado conta de que existem pessoas na Inglaterra que vivem apenas com uma aposentadoria por idade, muitas vezes xelins por semana. Nenhum desses velhos tinha qualquer outro recurso. Um deles era falante, e perguntei como ele conseguia sobreviver. Ele disse:

– Bem, são nove pence por noite para ter onde dormir, já são cinco xelins e três pence por semana. Depois, três pence no sábado para fazer a barba, são cinco xelins e seis pence. Depois, digamos que você corte o cabelo uma vez por mês por seis pence, são mais três pence por semana. Sobram uns quatro xelins e quatro pence para comida e tabaco.

Ele não conseguia imaginar outras despesas. Sua comida era pão com margarina e chá, no final da semana era pão seco e chá sem leite, e talvez ele conseguisse roupas em obras de caridade. Ele parecia contente, valorizava a cama e o fogo mais do que a comida. Mas, com uma renda de dez xelins por semana, gastar dinheiro com a barba... é espantoso.

Eu passava o dia todo vagando pelas ruas, até Wapping a leste, até Whitechapel a oeste. Era estranho, depois de Paris; tudo era muito mais limpo, silencioso e sombrio. Sentia-se falta do grito dos bondes, da vida barulhenta e empesteada das ruas secundárias e dos homens armados fazendo barulho nas praças. As multidões eram mais bem vestidas, e os rostos, mais atraentes, suaves e parecidos, sem aquela individualidade feroz e a malícia dos franceses. Havia menos embriaguez, menos sujeira, menos brigas e mais ócio. Havia grupos de homens em todos os cantos, ligeiramente desnutridos, mas mantidos pelo chá e as duas fatias que o londrino engole a cada duas horas. Respirava-se um ar menos febril do que em Paris. Era a terra do botijão de chá e da agência de emprego, como Paris é a terra do *bistro* e da exploração do trabalhador.

Era interessante observar as pessoas. As mulheres do leste de Londres são bonitas (é a mistura de sangue, talvez), e Limehouse é salpicada de orientais – chineses, lascares da cidade portuária de Bangladesh, dravidianos vendendo lenços de seda, até alguns *sikhs*, sabe Deus como. Aqui e ali havia reuniões na rua. Em Whitechapel, alguém chamado O Evangelho Cantante prometia salvar a pessoa do inferno por seis pence. Na East India Dock Road, o Exército da Salvação estava realizando uma cerimônia. Eles cantavam "Alguém aqui gosta de espiar Judas?" no ritmo de "O que fazer com um marinheiro bêbado?". Em Tower Hill, dois mórmons tentavam falar com as pessoas ali reunidas. Em volta da plataforma, um grupo de homens gritava e interrompia. Alguém os denunciava por poligamia. Um homem aleijado e barbudo, evidentemente ateu, tinha ouvido a palavra Deus e protestava furioso. Havia um confuso retumbar de vozes.

– Meus queridos amigos, se vocês nos deixarem terminar de falar...

– Isso mesmo, deem a palavra a eles. Não comecem a discutir!

– Não, não, responda. Você pode me mostrar Deus? Você me mostra, e aí eu vou acreditar nele.

– Ah, cale a boca, pare de interromper!

– Interrompam vocês mesmos!

– Polígamos!

– Bem, há muito o que se dizer sobre poligamia. Vejam...

– Tirar as mulheres da indústria, de qualquer maneira.

– Meus queridos amigos, se vocês...

– Não, não, não mude de assunto. você já viu Deus? Você tocou nele? Apertou a mão dele?

– Ah, não comece a discutir, pelo amor de Deus, não discuta! – E assim por diante.

Eu ouvi durante vinte minutos, ansioso para aprender alguma coisa sobre o mormonismo, mas a reunião não foi além dos gritos. É o que acontece com todas as reuniões de rua.

Na Middlesex Street, em meio às pessoas que enchiam o mercado, uma mulher suja e desarrumada puxava um pirralho de 5 anos pelo braço. Ela brandia uma trombeta de metal no rosto dele. A criança berrava.

– Divirta-se! – gritou a mãe. – Por que acha que trouxe você aqui, e ainda comprei uma corneta? Quer que eu ponha você sobre os meus joelhos? Seu pequeno filho da mãe, você vai se divertir!

Algumas gotas de saliva caíram da trombeta. A mãe e a criança desapareceram, ambas aos berros. Era tudo muito estranho, depois de Paris.

Na última noite que passei na pensão dos Pencefields, houve uma briga entre dois inquilinos, uma cena horrível. Um dos hóspedes mais velhos, um homem de cerca de 70 anos, nu da cintura para cima (tinha lavado suas roupas), xingava violentamente um estivador baixo e atarracado, que estava de costas para o fogo. Eu via o rosto do velho à luz do fogo, e ele estava quase chorando de tristeza e raiva. Evidentemente, algo muito sério havia acontecido.

O hóspede idoso: – Seu...!'

O estivador: – Cale a boca, velho... antes que eu te pegue!

O hóspede idoso: – Experimente! Sou trinta anos mais velho que você, mas não me custa muito te acertar e te jogar em um balde cheio de mijo!

O estivador: – Ah, e talvez eu não te arrebentasse depois, seu velho…!

E foi assim por cinco minutos. Os inquilinos ficaram sentados ali em volta insatisfeitos, tentando ignorar a briga. O estivador parecia aborrecido, mas o velho ficava cada vez mais furioso. Ele continuou avançando no outro, aproximando o rosto do dele e gritando a alguns centímetros de distância, como um gato em cima de um muro, e cuspindo. Estava tentando criar coragem para partir para a agressão física, mas não tinha muito sucesso. Finalmente ele explodiu:

– Um… é isso que você é, um…! Enfia isso na sua boca suja e chupa, seu…! Por… vou te arrebentar antes de acabar com você. Um… é isso é o que você é, um filho da… puta. Lambe isso, seu… Isso é o que eu penso de você, seu… seu… seu PRETO FILHO DA MÃE!

E nesse momento ele desmoronou de repente no banco, apoiou o rosto nas mãos e começou a chorar. O outro homem, vendo que a opinião pública estava contra ele, saiu.

Mais tarde, ouvi Steve explicar a causa da briga. Aparentemente, tudo se resumia a um xelim de comida. De alguma forma, o velho havia perdido seu estoque de pão e margarina e, portanto, não teria nada para comer nos próximos três dias, exceto o que os outros lhe dessem por caridade. O estivador, que estava empregado e bem alimentado, zombou dele; daí a briga.

Quando meu dinheiro se resumia a um xelim e quatro pence, fui passar uma noite em uma pensão em Bow, onde o preço era só oito pence. Era preciso atravessar uma espécie de beco e descer até um porão profundo e abafado de três metros quadrados. Dez homens, a maioria marinheiros, estavam sentados à luz forte do fogo. Era meia-noite, mas o filho do assistente, uma criança pálida e pegajosa de 5 anos, estava ali brincando no colo dos marinheiros. Um velho irlandês assobiava para um pássaro cego em uma gaiola minúscula. Havia outros pássaros canoros ali, coisas minúsculas e desbotadas que viveram a vida toda no subsolo. Os inquilinos costumavam urinar na lareira, para economizar a viagem até o banheiro.

NA PIOR EM PARIS E LONDRES

Quando me sentei à mesa, senti algo se mexer perto dos meus pés e, olhando para baixo, vi uma onda de coisas pretas movendo-se lentamente pelo chão; eram besouros pretos.

Havia seis camas no dormitório, e os lençóis, marcados com letras enormes com "Roubado do número ..., rua ...", tinham um cheiro nojento. Na cama ao lado da minha havia um velho, um artista de rua, que tinha uma corcova extraordinária que projetava sua coluna para fora da cama, a uns trinta centímetros do meu rosto. Costas nuas, marcadas por curiosos redemoinhos de sujeira que faziam pensar em uma mesa de mármore. Durante a noite, um homem entrou bêbado e vomitou no chão, perto da minha cama. Também havia insetos – nada tão sério quanto em Paris, mas o suficiente para manter uma pessoa acordada. Era um lugar imundo. No entanto, o ajudante e sua esposa eram pessoas simpáticas e dispostas a fazer uma xícara de chá a qualquer hora do dia ou da noite.

CAPÍTULO 26

De manhã, depois de pagar pelo habitual chá e duas fatias e comprar quinze gramas de tabaco, eu tinha só meio centavo. Não queria pedir ainda mais dinheiro a B., então não me restava alternativa senão procurar um abrigo público. Eu não tinha ideia de como fazer isso, mas sabia que havia um abrigo em Romton, então fui até lá, aonde cheguei às três ou quatro da tarde. Havia um irlandês velho e enrugado encostado nos chiqueiros do mercado em Romton, obviamente um vagabundo. Aproximei-me dele e ofereci um pouco de tabaco. Ele abriu a caixa e olhou para o tabaco com espanto:

– Por Deus – disse ele –, tem uns seis centavos de tabaco bom aqui! Onde você conseguiu isso? Não está na rua há muito tempo.

– Por que, não tem tabaco na rua? – perguntei.

– Ah, tem. Veja.

Ele me mostrou uma lata enferrujada que antes continha caldo em cubos. Nele havia vinte ou trinta bitucas de cigarro recolhidas na calçada. O irlandês disse que raramente conseguia tabaco de outra forma; e acrescentou que, com cuidado, era possível recolher cinquenta gramas de tabaco por dia nas calçadas de Londres.

NA PIOR EM PARIS E LONDRES

– Saiu de um dos abrigos de Londres, é? – ele me perguntou.

Respondi que sim, pensando que isso o faria me aceitar como alguém da rua, e perguntei como era o abrigo em Romton. Ele disse:

– Bom, é um abrigo de chocolate quente. Tem os de chá, os de chocolate, e os de grude. Eles não dão grude em Romton, graças a Deus. Pelo menos, não deram na última vez que estive lá. Estive em York e na região de Gales depois disso.

– O que é grude? – perguntei.

– Grude? É uma lata de água quente com um pouco de aveia no fundo; isso é grude. Os abrigos do grude são sempre os piores.

Ficamos conversando por uma ou duas horas. O irlandês era um velho simpático, mas cheirava muito mal, o que não era surpreendente quando se sabia quantas doenças tinha. Parecia (ele descreveu os sintomas detalhadamente) que, examinando da cabeça aos pés, ele tinha os seguintes problemas: na cabeça, que era careca, ele tinha eczema; era míope e não usava óculos; tinha bronquite crônica; uma dor nas costas não diagnosticada; dispepsia; uretrite; varizes, joanetes e pés chatos. Com esse conjunto de doenças, fazia quinze anos que ele andava pelas ruas. Por volta das cinco, o irlandês disse:

– Gostaria de tomar uma xícara de chá? O abrigo não abre antes das seis horas.

– Acho que gostaria.

– Bem, tem um lugar onde dão uma xícara de chá e um pãozinho de graça. O chá é bom. Eles fazem você rezar muito depois, mas inferno! Tudo serve para passar o tempo. Você vem comigo.

Ele mostrou o caminho até um pequeno galpão de telhado de zinco em uma rua secundária, um lugar que parecia o pavilhão de críquete de uma vilarejo. Cerca de 25 outros vagabundos estavam esperando. Alguns deles eram os velhos e sujos vagabundos habituais, a maioria formada por homens do norte de aparência decente, provavelmente mineiros ou operários do algodão desempregados. Logo a porta se abriu e uma senhora com um vestido de seda azul, usando óculos dourado e um crucifixo, nos deu as boas-vindas. Lá dentro havia trinta ou quarenta cadeiras duras, um harmônio e uma litografia muito sombria da crucificação.

Pouco à vontade, tiramos nossos bonés e sentamos. A senhora distribuiu o chá e, enquanto comíamos e bebíamos, ela andava de um lado para o outro, falando com benevolência. Ela falava sobre temas religiosos, sobre Jesus Cristo sempre preferir os homens pobres e rudes como nós, e sobre como o tempo passava depressa quando se estava na igreja, e que diferença fazia para um homem das ruas fazer suas preces regularmente. Nós odiamos aquilo. Sentamos com as costas contra a parede, mexendo em nossos bonés (um vagabundo se sente indecentemente exposto sem o boné), e coramos e tentamos resmungar alguma coisa quando a senhora se dirigiu a nós. Não havia dúvida de que ela falava com gentileza. Quando se aproximou de um dos rapazes do norte do país com o prato de pães, ela disse:

– E você, meu menino, quanto tempo faz que não se ajoelha e conversa com seu Pai Celestial?

Pobre rapaz, não conseguiu pronunciar nem uma palavra; mas a barriga respondeu por ele com um ronco vergonhoso provocado pela visão da comida. Depois disso, ele ficou tão constrangido que mal conseguia engolir o pão. Só um homem conseguiu responder à senhora à maneira dela, e era um sujeito ágil, de nariz vermelho, alguém que parecia um cabo que tinha perdido a posição por embriaguez. Ele conseguia pronunciar as palavras "o querido Senhor Jesus" com menos vergonha que qualquer pessoa que já vi. Sem dúvida, havia aprendido na prisão.

O chá acabou, e vi os mendigos se olhando furtivamente. Um pensamento silencioso era compartilhado por todos: poderíamos fugir antes que as orações começassem? Alguém se mexeu na cadeira sem se levantar, na verdade, só olhando para a porta, como se sugerisse a ideia de sair. A senhora o conteve com um olhar. Ela disse com um tom mais bondoso que nunca:

NA PIOR EM PARIS E LONDRES

– Não acho que já tenha que ir. O abrigo só abre às seis, e temos tempo para nos ajoelhar e dizer algumas palavras ao nosso pai antes disso. Acho que todos vamos nos sentir melhor depois disso, não é?

O homem de nariz vermelho foi muito prestativo, colocando o harmônio no lugar e distribuindo os livros de orações. Mantinha-se de costas para a senhora enquanto cuidava disso, e sua ideia de piada era lidar com os livros como se fossem um baralho, sussurrando para cada homem enquanto os distribuía:

– Pronto, companheiro, uma carta para você! Quatro ases e um rei! – E continuava assim.

Com a cabeça descoberta, ajoelhamos entre as xícaras de chá sujas e começamos a resmungar que tínhamos deixado por fazer as coisas que devíamos ter feito e feito aquelas que não devíamos ter feito, e que não havia saúde em nós. A senhora orava com muito fervor, mas seus olhos vagavam entre nós o tempo todo, verificando se todos estavam presentes. Quando ela não estava olhando, sorríamos, piscávamos um para o outro e murmurávamos piadas obscenas, só para mostrar que não nos importávamos; mas tudo isso ficava um pouco preso na garganta. Ninguém, exceto o homem de nariz vermelho, era confiante o suficiente para recitar as respostas mais alto que um sussurro. Foi um pouco melhor com o canto, exceto por um mendigo velho que não conhecia nenhuma canção além de "Avante, soldados cristãos" e voltava a ela às vezes, arruinando a harmonia.

As orações duraram meia hora e, depois de um aperto de mão à porta, partimos.

– Bem – disse alguém assim que nos afastamos de lá –, o problema acabou. Pensei que as orações nunca terminariam.

– Comeu seu pão – disse outro. – Tinha que pagar por ele.

– Rezar por ele, você quer dizer. Ah, não se ganha muito por nada. Não podem nem dar uma xícara de chá sem que você tenha que se ajoelhar por isso.

GEORGE ORWELL

Os outros concordaram. Evidentemente, os mendigos não eram gratos pelo chá. E, no entanto, era um chá excelente, tão diferente do chá de cafeteria quanto o bom Bordeaux é distinto daquela coisa que chamam de *claret* colonial, e todos ficávamos contentes com isso. Também tenho certeza de que foi dado de boa vontade, sem intenção de nos humilhar; então, seria justo que ficássemos gratos, mas, mesmo assim, não ficamos.

CAPÍTULO 27

Por volta de quinze minutos antes das seis horas, o irlandês me levou até o abrigo. Era um cubo sombrio e esfumaçado de tijolos amarelos, construído em um canto do terreno da casa de caridade e trabalho. Com suas fileiras de minúsculas janelas gradeadas, muro alto e portões de ferro separando-o da rua, parecia uma prisão. Já havia uma longa fila de homens maltrapilhos esperando os portões serem abertos. Eram de todos os tipos e idades. O mais novo era um garoto de 16 anos; o mais velho, uma múmia encurvada e desdentada de 75 anos. Alguns eram mendigos endurecidos, reconhecíveis por seus bastões, recipientes de latas e rostos escurecidos pela poeira; alguns eram operários desempregados, lavradores, um era escriturário de colarinho e gravata, dois certamente eram imbecis. Vistos em grupo, descansando ali, eram uma visão repulsiva; nada perverso ou perigoso, mas uma população sarnenta e deselegante, quase toda maltrapilha e visivelmente desnutrida. Eles eram amigáveis, porém, e não fizeram perguntas. Muitos me ofereceram tabaco – bitucas de cigarro, claro.

Encostamos na parede fumando, e os mendigos começaram a falar sobre os abrigos em que estiveram recentemente. Pelo que disseram,

151

todos são diferentes, cada um com seus méritos e deméritos peculiares, e é importante saber disso quando você está na rua. Um veterano pode relacionar as peculiaridades de cada abrigo na Inglaterra, por exemplo: no A você tem permissão para fumar, mas há insetos nos dormitórios; no B as camas são confortáveis, mas o porteiro é encrenqueiro e intimidador; no C, eles deixam você sair de manhã cedo, mas o chá é intragável; no D, os funcionários roubam seu dinheiro, se você tiver algum, e assim por diante, interminavelmente. Existem caminhos conhecidos onde os abrigos estão a um dia de caminhada um do outro. Fui informado de que a rota Barnet-St Albans é a melhor, e me alertaram para ficar longe de Billericay e Chelmsford, e também de Ide Hill, em Kent. Chelsea era considerado o abrigo mais luxuoso da Inglaterra; alguém que elogiava o lugar disse que os cobertores de lá pareciam mais com os de uma prisão do que de um albergue. Os mendigos vão para longe no verão e, no inverno, circulam o máximo possível em torno das grandes cidades, onde é mais quente e tem mais caridade. Mas eles precisam estar sempre em movimento, pois não se pode entrar em nenhum albergue, ou em quaisquer dois albergues de Londres, mais de uma vez por mês, sob pena de ficar confinado por uma semana.

Algum tempo depois das seis, os portões se abriram e começamos a entrar um a um. No pátio havia um escritório onde um funcionário registrava em um livro nossos nomes, profissões e idades, também os lugares de onde vínhamos e para onde íamos, uma tentativa de controlar a movimentação dos mendigos. Eu disse que era "pintor"; já pintei aquarelas – quem nunca pintou? O funcionário também perguntou se tínhamos dinheiro, e todos disseram que não. É ilegal entrar no albergue com mais de oito pence, e qualquer quantia inferior a este valor deve ser entregue no portão. Mas, via de regra, os mendigos preferem contrabandear seu dinheiro, amarrando bem as moedas com um pedaço de pano para que não façam barulho. Geralmente, eles colocam o dinheiro no saquinho de chá e açúcar que todo mendigo carrega, ou entre seus "papéis". Os "papéis" são considerados sagrados e nunca são revistados.

NA PIOR EM PARIS E LONDRES

Depois de nos registrarmos no escritório, fomos conduzidos ao interior do albergue por um colaborador conhecido como Mendigo-Mor (seu trabalho é supervisionar os acolhidos eventuais, e geralmente é um indigente da casa de acolhimento e trabalho) e um porteiro intimidador e grande que vestia um uniforme azul e nos tratava como se fôssemos gado. O albergue consistia simplesmente em um banheiro e um lavatório e, no mais, longas fileiras duplas de celas de pedra, talvez uma centena delas, no total. Era um lugar estéril e sombrio de pedra e cal, limpo de má vontade, com um cheiro que, de alguma forma, eu havia previsto pela aparência; um cheiro de sabonete mole, desinfetante de creolina e latrinas – um odor frio, desanimador, de prisão.

O porteiro conduziu todos nós para um corredor, depois disse para entrarmos no banheiro seis de cada vez, para sermos revistados antes do banho. Procuravam dinheiro e tabaco, pois Romton era um dos albergues onde se podia fumar, depois de entrar com o tabaco, mas onde ele era confiscado, se fosse encontrado em você. Os veteranos tinham contado que o porteiro nunca revistava do joelho para baixo, por isso, antes de entrar, todos tínhamos escondido o tabaco no cano das botinas. Depois, enquanto nos despíamos, guardávamos o tabaco no casaco, que podia ficar conosco para servir de travesseiro.

A cena no banheiro era extraordinariamente repulsiva. Cinquenta homens sujos e nus se acotovelando em um cômodo de seis metros quadrados, com apenas duas banheiras e duas toalhas de rolo grudentas para dividir. Jamais esquecerei o fedor de pés sujos. Menos da metade dos mendigos tomou banho de verdade (ouvi alguns dizer que a água quente "enfraquece" o organismo), mas todos lavaram o rosto e os pés, e também os horríveis trapinhos gordurosos conhecidos como panos de dedos, que eles amarravam em volta dos dedos dos pés. Água corrente só era permitida para homens que estavam tomando banho completo, por isso muitos tiveram que se lavar na água onde outros tinham lavado os pés. O porteiro nos empurrava de um lado para o outro e falava duro

153

com quem perdia tempo. Quando chegou minha vez de tomar banho, perguntei se poderia enxaguar a banheira, que estava suja, antes de usá-la. Ele respondeu simplesmente:

– Cale a boca e tome logo esse banho!

Isso definiu o tom social do lugar, e não falei mais nada.

Quando terminamos o banho, o funcionário amarrou nossas roupas em feixes e nos deu camisas da casa de trabalho, peças de algodão cinza de higiene duvidosa, como pijamas improvisados. Fomos imediatamente mandados para as celas, e logo o porteiro e o Mendigo-Mor trouxeram a refeição feita na casa de trabalho. A ração de cada homem era uma fatia de duzentos gramas de pão com margarina e meio litro de chocolate quente sem açúcar em uma caneca de lata. Sentados no chão, devoramos tudo em cinco minutos e, por volta das sete horas, as portas das celas foram trancadas por fora e assim permaneceriam até as oito da manhã.

Cada homem podia dormir com um amigo ou companheiro, pois as celas comportavam duplas. Eu não tinha companheiro e fui colocado em uma cela com outro sujeito solitário, magro de rosto enrugado e levemente estrábico. A cela media dois metros e meio por um metro e meio e tinha cinco metros de altura, era feita de pedra e tinha uma janela minúscula gradeada no alto da parede e um visor na porta, exatamente como uma cela de prisão. Nela havia seis cobertores, um penico, um cano de água quente e mais nada. Olhei em volta com a vaga sensação de que faltava alguma coisa. E então, chocado, percebi o que era e exclamei:

– Mas puxa, onde estão as camas?

– Camas? – repetiu o outro homem surpreso. – Não tem camas! O que esperava? Aqui se dorme no chão. Cristo! Ainda não se acostumou com isso?

Aparentemente, a ausência de camas era uma condição normal nos abrigos. Enrolamos nossos casacos e os apoiamos no cano de água quente, e nos acomodamos da melhor maneira possível. O lugar ficou bem abafado, mas não esquentou o suficiente para que pudéssemos deitar sobre

NA PIOR EM PARIS E LONDRES

todos os cobertores, de forma que usávamos só um para não deitar no chão duro. Estávamos a trinta centímetros de distância, respirando no rosto um do outro, com nossos membros nus se tocando constantemente e encostando um no outro sempre que adormecíamos. Mesmo mudando de lado constantemente, era inútil; para qualquer lado que se virasse, haveria primeiro uma sensação de entorpecimento, depois uma dor aguda quando a dureza do chão penetrava o cobertor. Dava para dormir, mas não por mais de dez minutos seguidos.

Por volta da meia-noite, o outro homem começou a tentar investidas homossexuais contra mim – uma experiência desagradável em uma cela trancada e escura como breu. O sujeito era uma criatura frágil e consegui lidar com ele com facilidade, mas é claro que foi impossível voltar a dormir. Ficamos acordados o resto da noite, fumando e conversando. O homem me contou sua história de vida, ele era montador e fazia três anos que não encontrava trabalho. Disse que a esposa o abandonou prontamente quando ele perdeu o emprego, e que estava há tanto tempo longe das mulheres que tinha quase esquecido como elas eram. A homossexualidade é comum entre os mendigos de longa data, disse.

Às oito, o porteiro apareceu no corredor destrancando as portas e gritando "Todo mundo para fora!" As portas se abriram, deixando passar um odor rançoso e fétido. Imediatamente, o corredor se encheu de figuras esquálidas de camisa cinza, cada um de penico na mão e correndo para o banheiro. De manhã só havia uma banheira de água para todos nós, e, quando cheguei lá, vinte mendigos já tinham lavado o rosto. Dei uma olhada na espuma negra flutuando na água e não me lavei.

Depois disso, serviram um café da manhã idêntico ao jantar da noite anterior, devolveram nossas roupas e nos mandaram trabalhar no quintal. O trabalho era descascar batatas para o jantar dos pobres, mas era mera formalidade, para nos manter ocupados até que o médico viesse nos inspecionar. A maioria dos mendigos enrolava descaradamente. O médico apareceu por volta das dez horas, e nos mandaram voltar para as celas, tirar a roupa e esperar no corredor pela inspeção.

George Orwell

Nus e tremendo, nos perfilamos no corredor. Você não pode imaginar que imagem fracassada e degenerada oferecíamos ali de pé à luz impiedosa da manhã. As roupas de um mendigo são ruins, mas escondem coisas muito piores; para enxergá-lo como realmente é, sem disfarces, é preciso vê-lo nu. Pés chatos, barriga inchada, tórax oco, músculos flácidos – todo tipo de podridão física está lá. Quase todos eram subnutridos, e alguns eram evidentemente doentes; dois homens usavam suportes para hérnia, e, quanto à velha criatura de 75 anos que mais parecia uma múmia, não dava para entender como ele conseguia fazer suas caminhadas diárias. Olhando para nossos rostos barbudos e marcados pela noite sem dormir, a impressão que se tinha era de que todos nós estávamos nos recuperando de uma semana de bebedeira.

O exame servia apenas para detectar casos de varíola e não tomava conhecimento de nossa condição geral. Um jovem estudante de medicina caminhava rapidamente ao longo da fila fumando um cigarro, olhando cada um de nós da cabeça aos pés, sem perguntar a ninguém se estava bem ou doente. Quando meu companheiro de cela se despiu, vi que seu peito estava coberto de erupções vermelhas e, depois de passar a noite a alguns centímetros dele, entrei em pânico com a possibilidade de ser varíola. O médico, porém, examinou a erupção e disse que era só consequência da subnutrição.

Depois do exame, nos vestimos e fomos mandados para o pátio, onde o porteiro nos chamou pelo nome, devolveu os pertences que havíamos deixado no escritório e distribuiu vales-refeição. Valiam seis pence cada um e eram encaminhados para os cafés na rota que havíamos declarado na noite anterior. Foi interessante ver que um grande número de mendigos não sabia ler e teve que recorrer a mim e a outros "estudados" para decifrar seus vales.

Os portões foram abertos e nos dispersamos rapidamente. Como é doce o cheiro do ar – mesmo que seja o de uma rua secundária no subúrbio – depois do odor estagnado e quase fecal do albergue! Agora eu tinha um

NA PIOR EM PARIS E LONDRES

companheiro, pois, enquanto descascávamos batatas, fiz amizade com um mendigo irlandês chamado Paddy Jaques, um homem pálido e melancólico que parecia limpo e decente. Ele estava a caminho do Albergue Edbury e sugeriu que fôssemos juntos. Nós fomos, e chegamos lá às três da tarde. Era uma caminhada de dezenove quilômetros, mas para nós ela teve vinte e dois quilômetros, porque nos perdermos em meio às favelas desoladas do norte de Londres. Nossos vales-refeição podiam ser descontados em um café em Ilford. Quando chegamos lá, a atendente viu os vales, deduziu que éramos mendigos e balançou a cabeça com desprezo, e demorou muito para nos servir. Finalmente, ela deixou sobre a mesa "chás grandes" e quatro fatias de pão com alguma gordura derretida – ou seja, oito centavos de comida. Aparentemente, a loja costumava roubar dos mendigos dois centavos ou mais em cada vale; como tinham os vales, em vez de dinheiro, os mendigos não podiam reclamar ou ir a outro lugar.

CAPÍTULO 28

Paddy foi meu companheiro por cerca de quinze dias, e, como ele foi o primeiro mendigo que eu conheci mais de perto, quero fazer um relato sobre ele. Acredito que Paddy era um mendigo típico, e há dezenas de milhares como ele na Inglaterra.

Ele era um homem alto de uns 35 anos, cabelos louros ficando grisalhos e olhos azuis. As feições eram boas, mas as bochechas eram flácidas e tinham aquela aparência acinzentada e suja que resultam de uma dieta de pão com margarina. Ele se vestia um pouco melhor que a maioria dos mendigos, com um paletó de *tweed* e uma calça velha de traje de gala ainda com o galão. Evidentemente, ele considerava o galão um fragmento persistente de respeitabilidade e tinha o cuidado de costurá-lo novamente quando se soltava. Era muito cuidadoso com sua aparência e carregava uma navalha e uma escova de sapatos que não queria vender, embora já tivesse vendido seus "papéis" e até mesmo seu canivete. Mesmo assim, era possível identificar sua condição de mendigo a cem metros de distância. Havia algo no jeito de andar sem rumo e em como inclinava os ombros para a frente, algo que era essencialmente miserável. Ao vê-lo andar, sentia-se instintivamente que ele preferia levar um golpe a desferir um.

NA PIOR EM PARIS E LONDRES

Ele foi criado na Irlanda, serviu dois anos na guerra e depois trabalhou em uma fábrica de polimento de metal, emprego que havia perdido dois anos antes. Tinha uma vergonha horrível de ser mendigo, mas havia aprendido todos os costumes de um. Ele percorria as calçadas incessantemente, nunca deixava de ver uma bituca de cigarro, ou mesmo um maço de cigarros vazio, pois usava o papel de seda para enrolar cigarros. Quando estávamos a caminho de Edbury, ele viu um embrulho de jornal na calçada, pulou em cima dele e descobriu que continha dois sanduíches de carneiro já meio destruídos, que insistiu em dividir comigo. Ele nunca passava por uma máquina automática sem dar um puxão na manivela, pois dizia que às vezes elas não estavam funcionando direito e ejetavam moedas, quando a manivela era puxada. No entanto, ele não tinha estômago para o crime. Quando estávamos nos arredores de Romton, Paddy viu uma garrafa de leite na porta de uma casa, evidentemente deixada lá por engano. Ele parou e olhou faminto para a garrafa.

– Cristo! – disse –, que desperdício de alimento bom. Alguém poderia esvaziar aquela garrafa, hein? Sem nenhuma dificuldade.

Entendi que ele estava pensando em "esvaziar" a garrafa. Ele olhou para um lado e para o outro; era uma rua residencial tranquila e não havia ninguém à vista. O rosto doente e abatido de Paddy ansiava pelo leite. Então ele virou e disse desanimado:

– Melhor deixar para lá. Não é bom roubar a um homem. Meu Deus, nunca roubei nada até hoje.

Era o desânimo, consequência da fome, que o mantinha virtuoso. Com apenas duas ou três boas refeições na barriga, ele teria encontrado coragem para roubar o leite.

Ele tinha dois assuntos: a vergonha e a derrota de ser um mendigo e a melhor maneira de conseguir uma refeição grátis. Enquanto andávamos pelas ruas, ele mantinha um monólogo nesse estilo, adotando uma voz irlandesa chorosa e cheia de autopiedade:

– É um inferno viver na rua, não é? É de partir o coração ter que recorrer a esses malditos albergues. Mas o que mais um homem pode fazer, hein? Faz uns dois meses que não como uma boa refeição com carne, e minhas botas estão ficando bem ruins, e... Cristo! E se fôssemos pedir uma xícara de chá em um dos conventos no caminho para Edbury? Na maioria das vezes, esses lugares não recusam uma xícara de chá. Ah, o que um homem faria sem religião, hein? Já tomei chá de conventos, dos Batistas, da Igreja da Inglaterra, de todos os lugares. E sou católico. Quero dizer, não me confesso há uns dezessete anos, mas ainda tenho meus sentimentos religiosos, sabe como é. Um convento é sempre um bom lugar para uma xícara de chá... – E ele continuava assim o dia todo, quase sem parar.

Sua ignorância era ilimitada e terrível. Certa vez, ele me perguntou, por exemplo, se Napoleão viveu antes de Jesus Cristo ou depois. Outra vez, quando eu estava olhando a janela de uma livraria, ele ficou muito perturbado porque um dos livros se chamava *Imitação de Cristo*. Ele interpretou como uma blasfêmia.

– Por que diabos querem imitá-lo? – perguntou com raiva. Ele sabia ler, mas tinha uma espécie de aversão aos livros. No caminho de Romton para Edbury, parei em uma biblioteca pública e, embora Paddy não quisesse ler, sugeri que ele entrasse e descansasse as pernas. Mas ele preferiu esperar na calçada.

– Não – disse. – Ver todo aquele monte de coisas impressas me deixa doente.

Como a maioria dos mendigos, ele era egoísta com fósforos. Tinha uma caixa quando o conheci, mas nunca o vi riscar nenhum, e ele costumava me acusar de extravagância quando eu usava um dos meus. Seu método era pedir fogo a estranhos, e às vezes ele passava meia hora sem fumar para não ter que riscar um fósforo.

A autopiedade era a indicação de seu caráter. Ele não deixava de pensar em sua má sorte nem por um instante. Rompia longos períodos de silêncio para exclamar do nada:

Na pior em Paris e Londres

– É um inferno quando suas roupas começam a ficar imprestáveis!
– Ou: – Aquele chá no albergue parece mijo. – Como se não tivesse mais
nada em que pensar. E ele tinha uma inveja baixa, rastejante, de qualquer pessoa em situação melhor que a dele. Não dos ricos, porque estes
estavam além de seu horizonte social, mas dos homens que trabalhavam.
Ele ansiava por trabalho como um artista anseia pela fama. Se visse um
velho trabalhando, dizia com amargura: – Olha só aquele velho, deixando
homens saudáveis sem trabalho. – Ou, se fosse um menino: – São esses
demônios jovens que tiram o pão de nossas bocas. – E todos os estrangeiros para ele eram "malditos gringos", pois, de acordo com sua teoria,
os estrangeiros eram responsáveis pelo desemprego.

Ele olhou para as mulheres com uma mistura de desejo e ódio. Mulheres
jovens e bonitas estavam muito acima de suas possibilidades para entrar
em seus pensamentos, mas ele ficava com água na boca com as prostitutas.
Uma dupla de velhas de lábios pintados de vermelho passava, e Paddy
ficava vermelho, virava para trás e olhava com avidez para as mulheres.

– Delícia! – resmungava, como um menino na vitrine de uma confeita-
ria. Uma vez ele me contou que não tinha relações com uma mulher fazia
dois anos, isto é, desde que perdeu o emprego, e que havia esquecido que
alguém pode querer mais do que prostitutas. Ele tinha a personalidade
habitual de um mendigo: abjeto, invejoso, o caráter de um chacal.

Mesmo assim, era um bom sujeito, generoso por natureza e capaz de dividir seu último pedaço de pão com um amigo; na verdade, ele realmente
dividiu seu último pedaço de pão comigo mais de uma vez. Provavelmente,
também era capaz de trabalhar, se fosse bem alimentado por alguns meses. Mas dois anos de pão e margarina baixaram irremediavelmente seus
padrões. Ele havia sobrevivido dessa imitação de comida até que mente e
corpo passassem a ser um composto de coisas inferiores. Foi a desnutrição,
e não qualquer vício original, que destruiu sua masculinidade.

CAPÍTULO 29

No caminho para Edbury, contei a Paddy que tinha um amigo que, eu tinha certeza, me daria algum dinheiro, e sugeri que fôssemos direto para Londres, em vez de enfrentar outra noite em um albergue. Mas Paddy não tinha estado em Edbury recentemente e, como um mendigo, não perderia uma noite de hospedagem gratuita. Combinamos de ir a Londres na manhã seguinte. Eu tinha apenas meio pence, mas Paddy tinha dois xelins, o que garantiria uma cama para cada um e algumas xícaras de chá.

O albergue de Edbury não diferia muito daquele de Romton. O pior ali era que todo tabaco era confiscado no portão, e fomos avisados de que qualquer homem pego fumando era expulso imediatamente. De acordo com a Lei da Mendicância, os mendigos podem ser processados por fumar no albergue; na verdade, eles podem ser processados por quase qualquer coisa, mas as autoridades geralmente evitam o trabalho de um processo expulsando os desobedientes. Não havia trabalho a fazer, e as celas eram bem confortáveis. Dormíamos dois em cada cela, "um em cima, um embaixo", ou seja, um em uma prateleira de madeira e o outro no chão, com colchonetes de palha e muitos cobertores, sujos, mas sem insetos. A comida era a mesma de Romton, mas havia chá, em vez de chocolate.

NA PIOR EM PARIS E LONDRES

Era possível conseguir mais chá de manhã, pois o Mendigo-Mor vendia a bebida por meio pence a caneca, uma transação ilícita, sem dúvida. Deram a cada um de nós um pedaço de pão e queijo para levar e comer na hora do almoço.

Quando chegamos a Londres, faltavam oito horas para os albergues abrirem. É curioso como não se notam as coisas. Eu tinha estado em Londres inúmeras vezes e, no entanto, até aquele dia, nunca havia notado uma das piores coisas de Londres: é preciso pagar até para sentar. Em Paris, se você não tivesse dinheiro e não conseguisse encontrar um banco público, era só sentar na calçada. Só Deus sabe o que poderia acontecer com quem sentasse na calçada em Londres. Prisão, provavelmente. Por volta das quatro da tarde, fazia cinco horas que estávamos em pé, e nossos pés estavam em brasa por causa da dureza das pedras. Estávamos com fome, pois tínhamos comido nossa ração assim que saímos do albergue, e eu estava sem fumo. Paddy se importava menos com isso, pois pegava bitucas de cigarro. Tentamos entrar em duas igrejas, mas estavam trancadas. Depois tentamos uma biblioteca pública, mas não havia cadeiras vazias. Como última esperança, Paddy sugeriu que tentássemos um abrigo Rowton; pelas regras, não nos deixariam entrar antes das sete, mas podíamos passar despercebidos. Caminhamos até a porta magnífica (os abrigos Rowton são realmente magníficos) e muito casualmente, tentando parecer inquilinos regulares, fomos entrando. Imediatamente, um homem que estava na porta, um sujeito de rosto atento, evidentemente em posição de autoridade, impediu nossa passagem.

– Vocês dormiram aqui ontem à noite?

– Não.

– Então... fora.

Obedecemos e ficamos mais duas horas na esquina. Foi desagradável, mas serviu para aprender a não usar a expressão "vagabundo de esquina", então ganhei alguma coisa com isso.

Às seis, fomos para um albergue do Exército de Salvação. Não podíamos reservar camas até as oito e não era certo que haveria vagas, mas um funcionário, que nos chamou de "Irmão", nos deixou entrar, com a condição de que pagássemos por duas xícaras de chá. O salão principal do abrigo era uma espécie de celeiro grande e caiado de branco, opressivamente limpo e vazio, sem nenhum fogo aceso. Duzentas pessoas de aparência decente e contida estavam sentadas em longos bancos de madeira. Um ou dois policiais uniformizados andavam para cima e para baixo. Na parede havia fotos do General Booth e avisos de que era proibido cozinhar, beber, cuspir, falar palavrões, brigar e jogar. Para dar um exemplo desses avisos, copio um deles aqui literalmente:

Qualquer homem encontrado apostando ou jogando cartas será expulso e não será admitido em nenhuma circunstância.

Uma recompensa será concedida por informações que levem à descoberta dessas pessoas.

Os funcionários encarregados apelam a todos os abrigados para que os ajudem a manter este albergue livre do MAL DETESTÁVEL DO JOGO.

"Apostar ou jogar cartas" é uma expressão deliciosa. Na minha opinião, esses abrigos do Exército de Salvação, embora limpos, são muito mais tristes do que as piores pensões comuns. Há uma grande desesperança em algumas pessoas ali, sujeitos decentes e destruídos que penhoraram as camisas sociais, mas ainda estão tentando arrumar emprego em escritórios. Ir a um abrigo do Exército de Salvação, onde há limpeza, pelo menos, é sua última tentativa de se agarrar à respeitabilidade. Na mesa ao lado da minha havia dois estrangeiros, ambos maltrapilhos, mas evidentemente cavalheiros. Eles estavam jogando xadrez verbalmente, sem nem mesmo anotar os movimentos. Um deles era cego, e os ouvi dizer que já fazia muito tempo que economizavam para comprar um tabuleiro que custava meia coroa, mas nunca conseguiam. Aqui e ali havia desempregados pálidos e taciturnos. Em um desses grupos, um jovem alto, magro e muito pálido falava com animação. Ele batia com o punho na mesa e se gabava de um jeito estranho, inflamado. Quando os funcionários se afastaram, ele começou a dizer blasfêmias chocantes:

– Vou dizer uma coisa, rapazes, vou conseguir esse emprego amanhã. Não faço parte dessa sua maldita brigada dos que se ajoelham. Sei cuidar de mim mesmo. Olhem para isso, vejam ali! "O Senhor proverá!" Grande coisa Ele já me deu. Vocês não vão me ver confiando no… Senhor. Deixem comigo, rapazes. Vou conseguir esse emprego. – E continuava por aí.

Eu o observei, impressionado com seu jeito descontrolado e agitado de falar; ele parecia histérico, ou talvez um pouco bêbado. Uma hora depois, fui a uma salinha separada do salão principal, destinada à leitura. Não havia livros nem jornais ali, então poucos abrigados entravam nela. Quando abri a porta, vi o jovem; ele estava de joelhos, rezando. Antes de fechar a porta novamente, tive tempo de ver seu rosto e parecia agoniado. De repente percebi, pela expressão em seu rosto, que ele estava morrendo de fome.

Cobravam oito pence pelas camas. Paddy e eu tínhamos cinco pence sobrando e gastamos esse dinheiro no "bar", onde a comida era barata, embora não tão barata quanto em algumas pensões comuns. O chá parecia ser feito com pó de chá, que imagino ter sido doado ao Exército de Salvação, embora eles o vendessem por três pence e meio a xícara. Era uma coisa horrível. Às dez horas, um oficial passou pela sala tocando um apito. Imediatamente todos se levantaram.

– O que é isso? – perguntei espantado a Paddy.

– Isso significa que você tem que ir para a cama. E tem que prestar atenção a isso também.

Obedientes como ovelhas, os duzentos homens foram para a cama sob o comando dos funcionários.

O dormitório era um grande sótão que parecia um alojamento militar, com sessenta ou setenta camas. Eram limpas e razoavelmente confortáveis, mas muito estreitas e muito próximas umas das outras, de modo que se respirava direto no rosto do vizinho. Dois funcionários dormiam no quarto, para ver se não havia fumo e conversas depois que as luzes eram apagadas. Paddy e eu mal dormimos, pois havia um homem perto de nós que tinha algum problema nervoso, consequência de choque, talvez, que o fazia gritar "Pip!" em intervalos irregulares. Era um barulho alto e surpreendente, parecido com o toque de uma buzina. Nunca se sabia quando ia acontecer, e era impossível dormir com isso. Aparentemente, Pip, como os outros o chamavam, dormia regularmente no abrigo e devia manter dez ou vinte pessoas acordadas todas as noites. Ele era um exemplo do tipo de coisa que impede uma pessoa de dormir o suficiente quando os homens são tratados como rebanho, como acontece nesses albergues.

Às sete, ouvimos outro apito, e os funcionários fizeram a ronda sacudindo os que não se levantavam imediatamente. Desde então, dormi em vários abrigos do Exército de Salvação e descobri que, embora as casas tenham pequenas diferenças, essa disciplina semimilitar é a mesma em todas elas. São baratas, certamente, mas são muito parecidas com os abrigos para indigentes, para o meu gosto. Em algumas existe até um culto religioso obrigatório uma ou duas vezes por semana, ao qual os hóspedes devem comparecer, ou sair da casa. O fato é que o Exército de Salvação se considera uma obra de caridade em tal extensão que não consegue nem administrar uma pensão sem que ela tenha o cheiro de caridade.

Às dez, fui ao escritório de B. e pedi uma libra emprestada. Ele me deu duas libras e me disse para voltar quando fosse necessário, e assim Paddy e eu ficamos livres de problemas com dinheiro por uma semana, pelo menos. Passamos o dia em Trafalgar Square, procurando um amigo de Paddy que nunca apareceu, e à noite fomos para uma pensão em um beco perto do Strand. O preço desse lugar era onze pence, mas a pensão era escura e malcheirosa, além de conhecido refúgio de "bichinhas". No andar de baixo, na cozinha escura, três jovens de aparência ambígua vestidos com elegantes ternos azuis estavam sentados em um banco à parte, ignorados pelos outros hóspedes. Suponho que eram "bichinhas". Eram parecidos com os garotos apaches que se veem em Paris, mas sem as costeletas. Em frente ao fogo, um homem totalmente vestido e outro totalmente nu discutiam os termos de um negócio. Eram vendedores de jornais. O homem vestido estava vendendo suas roupas para o homem nu. Ele disse:

– Aqui está, as melhores roupas que você já teve. Meia coroa pelo casaco, dois xelins pela calça, um xelim e meio pelas botas e um xelim pelo chapéu e o cachecol. São sete xelins.

– Muita coisa! Dou um xelim e meio pelo casaco, um xelim pela calça e dois xelins pelo resto. Quatro xelins e meio.

– Pode ficar com tudo por cinco e meio, companheiro.

– Certo, pode tirar tudo. Preciso sair para vender minha última edição.

O homem vestido se despiu e, em três minutos, as posições se inverteram: o homem nu estava vestido, e o outro improvisava um *kilt* com uma folha do *Daily Mail*.

O dormitório era escuro e fechado, e havia quinze camas nele. Pairava ali um cheiro horrível de urina, um cheiro tão horroroso que, no início, se tentava respirar com inspirações curtas, sem encher os pulmões. Quando eu estava deitado na cama, um homem surgiu da escuridão, inclinou-se sobre mim e começou a balbuciar com uma voz educada e meio bêbada:

– Foi aluno da escola pública, é? – Ele me ouviu dizer alguma coisa a Paddy. – Não encontro muitos da antiga escola por aqui. Sou ex-Etoniano. Sabe… vinte anos desde aqueles tempos. – E começou a cantar com voz trêmula, mas sem desafinar, o hino da equipe de remo da Eton:

Bom tempo para remar, e para colher feno…

– Pare com esse barulho! – gritaram vários hóspedes.

– Gente baixa – disse o ex-Etoniano – muito baixa. É um lugar estranho para nós, não é? Sabe o que meus amigos me dizem? Eles falam: "M., você não tem mais jeito". E é verdade, não tenho mais jeito. Caí muito no mundo; não como estes aqui, que não poderiam descer mais de onde estavam, nem que tentassem. Nós, os que descemos, deveríamos passar um tempo juntos. A juventude ainda pode ser vista em nosso rosto… sabe como é. Posso oferecer uma bebida?

Ele pegou uma garrafa de conhaque e, no mesmo momento, perdeu o equilíbrio, caindo sobre minhas pernas. Paddy, que começava a se despir, o levantou.

– Volte para a sua cama, idiota!

O ex-Etoniano foi cambaleando até a cama dele e se enfiou embaixo dos lençóis completamente vestido, sem tirar nem os sapatos. Durante a noite, eu o ouvi resmungar várias vezes: "M., você não tem mais jeito", como se gostasse da frase. De manhã ele estava dormindo totalmente vestido, abraçado à garrafa. Era um homem de seus 50 anos, com um rosto refinado e envelhecido e, curiosamente, vestido com elegância. Era estranho ver seus bons sapatos de couro para fora daquela cama imunda. Também me ocorreu que o conhaque devia custar o equivalente a quinze dias de hospedagem, de modo que ele não devia estar em situação muito difícil. Talvez frequentasse hospedarias comuns em busca dos "bichinhas".

Não havia mais de meio metro de espaço entre as camas. Por volta da meia-noite, acordei e descobri que o homem na cama ao meu lado tentava roubar o dinheiro debaixo do meu travesseiro. Ele fingia estar dormindo enquanto deslizava a mão para baixo do travesseiro com a sutileza de um rato. De manhã, vi que era um corcunda com braços longos como os de um macaco. Contei a Paddy sobre a tentativa de roubo. Ele riu e disse:

– Cristo! Você tem que se acostumar com isso. Essas pensões estão cheias de ladrões. Em algumas delas, só há segurança para quem dorme completamente vestido. Já vir roubarem a perna de pau de um aleijado. Uma vez vi um homem de uns noventa quilos entrar em uma pensão com quatro libras e dez centavos. Ele guardou o dinheiro embaixo do colchão. "É isso", disse ele, "quem quiser pôr a mão nesse dinheiro, vai ter que passar por cima do meu corpo." Mas pegaram o dinheiro dele mesmo assim. De manhã, ele acordou no chão. Quatro homens pegaram o colchão pelos cantos e o levantaram como se tivesse o peso de uma pena. Ele nunca mais viu suas quatro libras e dez.

CAPÍTULO 30

Na manhã seguinte, voltamos a procurar o amigo de Paddy, que se chamava Bozo e era um artista de rua, desenhava no chão das calçadas. Endereços não existiam no mundo de Paddy, mas ele tinha uma vaga ideia de que Bozo poderia ser encontrado em Lambeth, e no fim nós o encontramos no Embankment, onde ele havia se estabelecido não muito longe da ponte Waterloo. Bozo estava ajoelhado na calçada com uma caixa de giz, copiando de um caderno um esboço de Winston Churchill. A semelhança não era de todo ruim. Bozo era um homem pequeno, moreno, de nariz adunco, com cabelos cacheados e curtos. Sua perna direita era terrivelmente deformada, com o calcanhar voltado para a frente de um jeito que era horrível de se ver. Pela aparência, ele poderia ser confundido com um judeu, mas costumava negar vigorosamente. Dizia que o nariz adunco era "romano" e se orgulhava da semelhança com algum imperador de Roma, Vespasiano, eu acho.

Bozo tinha um jeito estranho de falar, mas muito lúcido e expressivo. Era como se tivesse lido bons livros, mas nunca tivesse se preocupado com a correção da gramática. Por um tempo, Paddy e eu ficamos no

Embankment, conversando, e Bozo falou sobre o ofício de desenhista de rua. Repito o que ele disse mais ou menos com suas próprias palavras.

"Sou o que chamam de desenhista de rua sério. Não desenho com giz em quadro-negro, como os outros, uso as cores adequadas como os pintores usam; são muito caras, especialmente as tintas vermelhas. Uso o equivalente a cinco xelins em um dia longo, e nunca menos que o equivalente a dois xelins[2]. Minha linha é a dos quadrinhos, sabe? Políticos, críquete, essas coisas. Olha aqui", ele me mostrou seu caderno, "'aqui estão os retratos de todos os políticos, desenhei copiando dos jornais. Faço um desenho diferente todos os dias. Por exemplo, quando estavam discutindo o orçamento, desenhei Winston tentando empurrar um elefante com a palavra "Dívida" e, embaixo, escrevi: 'Ele vai se mexer nisso?' Entende? Você pode fazer caricaturas sobre qualquer partido, mas não deve acrescentar nada a favor do socialismo, porque a polícia não admite. Uma vez fiz um desenho de uma jiboia com a inscrição Capital engolindo um coelho com a inscrição Trabalho. O policial se aproximou, viu e disse: 'Apaga isso, e presta atenção nesse negócio'. Tive que apagar. O policial tem o direito de levar você por vadiagem, e não vale a pena retrucar." Perguntei ao Bozo quanto dava para ganhar com os desenhos. Ele disse:

"Nesta época do ano, quando não chove, faço umas três libras entre sexta e domingo. As pessoas recebem o salário na sexta-feira. Não posso trabalhar quando chove; as cores são lavadas imediatamente. Durante o ano todo, ganho cerca de uma libra por semana, porque não se pode fazer muito no inverno. No dia da corrida de barcos e no dia da Final do Campeonato, ganho até quatro libras. Mas você tem que arrancar isso deles, sabe? Não ganha um xelim se ficar sentado olhando para eles. Meio pence é o que costumam dar, e você não ganha nem isso, a menos que os entretenha com um pouco de conversa fiada. Depois que respondem, eles ficam

---

[2] Artistas de rua compram suas tintas em pó e as transformam em pasta usando leite condensado. (N.T.)

com vergonha de não dar nada. O melhor é continuar sempre mudando o desenho, porque, quando virem você desenhando, vão parar para olhar. O problema é que os mendigos aparecem assim que você passa o chapéu. É preciso ter um assistente nesse jogo. Você continua trabalhando e reunindo uma multidão para olhar para você, e o ajudante aparece como se estivesse atrás deles. Eles não sabem que ele é o ajudante. Então, de repente, ele tira o chapéu e os pega de surpresa. Você nunca vai conseguir tirar nada de um rico. É dos miseráveis que se tira mais proveito, e dos estrangeiros. Já ganhei até seis pence de japoneses, pretos e outros assim. Eles não são mesquinhos como um inglês. Outra coisa que precisa lembrar é de manter seu dinheiro guardado, exceto, talvez, por um pence no chapéu. As pessoas não vão lhe dar nada se virem que você já tem um ou dois xelins."

Bozo tinha o mais profundo desprezo pelos outros desenhistas do Embankment. Ele os chamava de "pratos de salmão". Naquela época, havia um desenhista de rua a cada vinte e cinco metros ao longo do Embankment, e vinte e cinco metros era a distância mínima reconhecida entre dois pontos ocupados. Bozo apontou com desdém para um velho desenhista de barba branca a cinquenta metros de distância.

"Está vendo aquele velho idiota? Ele faz o mesmo retrato todos os dias há dez anos. 'Um amigo fiel', é assim que ele chama o desenho. É um cachorro tirando uma criança da água. O velho idiota não consegue desenhar melhor que uma criança de 10 anos. Ele aprendeu só aquele desenho pela regra de ouro, como se aprende a montar um quebra-cabeça. Há muitos assim por aqui. Eles vêm espiar minhas ideias, às vezes, mas não me importo; os idiotas não conseguem pensar em nada por conta própria, por isso estou sempre à frente deles. Essa coisa das caricaturas exige que se esteja sempre bem informado, atualizado. Uma vez uma criança ficou com a cabeça presa entre as barras da grade da ponte Chelsea. Bem, eu ouvi essa história, e meu desenho estava na calçada antes que eles tirassem a cabeça da criança da grade. Sou rápido."

Bozo parecia um homem interessante, e eu estava ansioso para saber mais dele. Naquela noite, desci ao Embankment para encontrá-lo, pois ele havia combinado de nos levar a uma pensão ao sul do rio. Bozo lavou seus desenhos da calçada e contou os ganhos, cerca de dezesseis xelins, dos quais ele disse que doze ou treze seriam lucro. Fomos andando para Lambeth. Bozo ia mancando devagar, com um andar esquisito de caranguejo, meio de lado, arrastando o pé esmagado atrás de si. Ele carregava uma vara em cada mão e pendurava a caixa de tintas no ombro. Quando estávamos atravessando a ponte, ele parou em um dos recuos para descansar. Ficou em silêncio por um ou dois minutos e, para minha surpresa, vi que olhava para as estrelas. Ele tocou meu braço e apontou para o céu com a bengala improvisada.

– Olhe só: Aldebarã! Olhe a cor. Parece uma… uma grande laranja sanguínea!

Ele falava como um crítico em uma galeria de arte. Fiquei surpreso. Confessei que não sabia qual delas era Aldebarã, na verdade nunca tinha percebido que as estrelas tinham cores diferentes. Bozo começou a me dar algumas informações elementares sobre astronomia, apontando as principais constelações. Ele parecia preocupado com minha ignorância. Reagi surpreso:

– Parece que você sabe muito sobre estrelas.

– Não muito. Mas sei um pouco. Recebi duas cartas do Astrônomo Real me agradecendo por escrever sobre meteoros. De vez em quando, saio à noite e procuro meteoros. As estrelas são um *show* gratuito; não custa nada usar seus olhos.

– Que boa ideia! Eu nunca teria pensado nisso.

– Bem, você precisa se interessar por alguma coisa. Não entendo que um homem pense só em chá e duas fatias de pão só porque vive nas ruas.

– Mas não é muito difícil se interessar por coisas… coisas como estrelas, vivendo essa vida?

– Desenhando na calçada, você quer dizer? Não necessariamente. Não precisa se tornar uma porcaria de coelho, isto é, não se você decidir que não vai ser assim.

– Parece que é esse o efeito na maioria das pessoas.

– Claro. Veja o Paddy, um velho parasita que bebe chá e só serve para recolher bitucas de cigarro. É assim que a maioria deles acaba. Eu os desprezo. Mas você não precisa ficar assim. Se você estudou, teve alguma educação, não importa se vai passar o resto da vida nas ruas.

– Bom, descobri exatamente o contrário – respondi. – Parece que, quando você tira o dinheiro de um homem, ele não serve para mais nada.

– Não, não necessariamente. Se você se dedicar, pode viver a mesma vida, sendo rico ou pobre. Pode continuar com seus livros e suas ideias. Só precisa dizer a si mesmo: "Eu sou um homem livre aqui" – ele bateu na testa –, e vai ficar bem.

Bozo continuou falando no mesmo tom, e eu escutei com atenção. Ele parecia um desenhista de rua muito incomum, e era, além disso, a primeira pessoa que ouvia dizer que a pobreza não tinha importância. Eu o encontrei várias vezes nos dias seguintes, porque choveu várias vezes, e ele não pôde trabalhar. Bozo me contou sua história de vida, e ela era curiosa.

Filho de um livreiro falido, ele foi trabalhar como pintor de paredes aos 18 anos, depois serviu três anos na França e na Índia durante a guerra. Depois da guerra, arranjou um emprego de pintor de paredes em Paris, onde passou vários anos. Considerava a França mais adequada que a Inglaterra (ele desprezava os ingleses) e estava indo bem em Paris, economizando dinheiro e noivo de uma garota francesa. Um dia, a garota morreu esmagada sob as rodas de um ônibus. Bozo bebeu durante uma semana, depois voltou ao trabalho muito abalado; na mesma manhã, ele despencou de uma plataforma onde estava trabalhando a doze metros de altura, caiu na calçada e sofreu várias fraturas no pé direito. Por algum motivo, só recebeu sessenta libras de indenização. Ele voltou para a Inglaterra, gastou seu dinheiro procurando empregos, tentou vender livros no mercado da Middlesex Street, depois tentou vender brinquedos

George Orwell

como ambulante e, finalmente, estabeleceu-se como desenhista de rua. Desde então vivia de maneira precária, meio morto de fome durante todo o inverno, dormindo frequentemente em albergues ou no Embankment.

Quando o conheci, ele não tinha nada além das roupas que vestia, seus materiais de desenho e alguns livros. As roupas eram os trapos usuais de mendigo, mas ele usava colarinho e gravata, dos quais se orgulhava bastante. A gola, com um ano ou mais de idade, estava sempre puída em volta do pescoço, e Bozo costumava remendá-la com pedaços cortados da bainha da camisa, de modo que quase não restava comprimento na camisa. A perna machucada estava piorando e provavelmente teria que ser amputada, e seus joelhos, por ele estar sempre ajoelhado nas pedras, tinham almofadas de pele da espessura de solas de sapatos. Claramente, não havia outro futuro para ele, exceto a mendicância e a morte na casa de indigentes.

Mesmo assim, ele não tinha medo, nem arrependimento, nem vergonha, nem autopiedade. Ele enfrentava a situação e construiu uma filosofia para si mesmo. Ser mendigo, disse, não era culpa dele, e se recusava a sentir vergonha ou se deixar consumir por isso. Era inimigo da sociedade e estava pronto para entrar no crime se surgisse uma boa oportunidade. Por princípio, recusava-se a ser econômico. No verão ele não economizava nada, gastava o excedente em bebida, já que não se importava com mulheres. Se estava sem um tostão quando o inverno chegava, a sociedade tinha que cuidar dele. Estava pronto para tirar cada centavo que pudesse da caridade, desde que não fosse obrigado a agradecer por isso. Mas evitava a caridade das instituições religiosas, porque dizia que não conseguia engolir essa coisa de trocar hinos por pãezinhos. Ele tinha vários outros pontos de honra; por exemplo, gabava-se de nunca em sua vida, mesmo quando estava morrendo de fome, ter pegado uma bituca de cigarro. Considerava-se em uma categoria superior à dos mendigos comuns, que, ele disse, formavam um bando abjeto, destituídos até da decência de serem ingratos.

Ele falava francês razoavelmente e tinha lido alguns romances de Zola, todas as peças de Shakespeare, *As viagens de Gulliver* e vários ensaios. Era capaz de descrever suas aventuras com palavras que seriam lembradas. Por exemplo, falando sobre funerais, ele me disse:

– Você já viu um cadáver queimado? Eu vi, na Índia. Eles colocaram o velho no fogo, e no momento seguinte eu quase tive um ataque, porque ele começou a espernear. Eram apenas os músculos se contraindo com o calor; mesmo assim, aquilo me abalou. Bem, ele se contorceu um pouco como um arenque na brasa, depois sua barriga explodiu, e explodiu com um estrondo que se poderia ter ouvido a cinquenta metros de distância. Isso me indispôs contra a cremação.

Ou ainda, sobre seu acidente:

– O médico me disse: "Você caiu em cima de um pé só, meu caro. E foi muita sorte não ter caído sobre os dois pés. Porque, se tivesse caído sobre os dois pés, teria se acabado como uma sanfona, com os ossos da coxa saindo pelas orelhas!".

Obviamente, a frase não era do médico, mas do próprio Bozo. Ele tinha um dom para frases. Conseguia manter o cérebro intacto e alerta, e assim nada o fazia sucumbir à pobreza. Ele podia estar maltrapilho e com frio, ou mesmo morrendo de fome, mas, se pudesse ler, pensar e observar os meteoros, era, como disse, livre dentro da própria cabeça.

Ele era um ateu amargurado (o tipo de ateu que não só não acredita em Deus como tem uma antipatia pessoal por Ele) e sentia uma espécie de prazer por pensar que as questões humanas nunca melhorariam. Às vezes, disse ele, quando dormia no Embankment, encontrava consolo ao olhar para Marte ou Júpiter e pensar que, provavelmente, também lá havia pessoas dormindo no Embankment. Ele tinha uma teoria curiosa sobre isso. A vida na Terra, dizia, é dura porque o planeta é pobre em relação ao que é necessário para a existência. Marte, com seu clima frio e água escassa, deve ser muito mais pobre, e a vida lá é correspondentemente mais dura. Enquanto na Terra você é apenas preso por roubar seis pence, em Marte você é fervido vivo, provavelmente. Esse pensamento animava Bozo, não sei por quê. Ele era um homem excepcional.

CAPÍTULO 31

O preço da pensão onde Bozo estava hospedado era nove pence por pernoite. Era um lugar grande e lotado, com acomodação para quinhentos homens e conhecido ponto de encontro de vagabundos, mendigos e criminosos baratos. Todas as raças, até negros e brancos, se misturaram em situação de igualdade. Havia indianos lá, e, quando falei com um deles em urdu ruim, ele me chamou de *tum*, uma palavra que teria feito qualquer pessoa se arrepiar, se fosse na Índia. Estávamos abaixo da linha do preconceito de cor. Vislumbravam-se ali vidas curiosas. O velho "vovô", um mendigo de 70 anos que ganhava a vida, ou boa parte dela, recolhendo bitucas de cigarro e vendendo o fumo a três pence trinta gramas. "O Doutor", um médico de verdade, que teve seu registro cassado por alguma ofensa e, além de vender jornais, dava orientações médicas por alguns centavos por conversa. Um lascar de Chittagong, descalço e faminto, que havia abandonado seu navio e vagado durante dias por Londres, tão perdido e desamparado que nem sabia o nome da cidade em que estava. Ele achava que era Liverpool, até eu dizer que não. Um escritor de cartas de súplicas, amigo de Bozo, que escrevia pedidos patéticos de ajuda para pagar o funeral da esposa e, quando uma carta surtia efeito, mergulhava em enormes orgias solitárias de pão e margarina. Ele era uma criatura desagradável, uma espécie de hiena. Conversei com ele e descobri que, como a maioria dos vigaristas, acreditava em grande parte nas próprias mentiras. A pensão era uma Alsácia para tipos como esses.

Enquanto estive com Bozo, ele me ensinou alguma coisa sobre a técnica da mendicância em Londres. É mais complexo do que se poderia supor. Os mendigos variam muito entre si, e há uma linha social nítida entre aqueles que apenas pedem e aqueles que tentam dar alguma coisa importante pelo dinheiro. As quantias que se podem ganhar com as diferentes "solicitações" também variam. As histórias nos jornais de domingo sobre mendigos que morrem com duas mil libras costuradas nas calças são, é claro, mentiras; mas os mendigos de melhor classe têm épocas de sorte, quando ganham um salário digno por semanas seguidas. Os mendigos mais prósperos são acrobatas e fotógrafos de rua. Em um ponto bom, como uma fila de teatro, por exemplo, um acrobata de rua geralmente ganha cinco libras por semana. Os fotógrafos de rua podem ganhar quase a mesma coisa, mas dependem do bom tempo. Eles têm uma estratégia astuta para estimular os negócios. Ao ver uma provável vítima se aproximar, um deles corre para trás da câmera e finge tirar uma foto. Então, quando a vítima chega perto, eles exclamam:

– Aí está, senhor, sua foto ficou linda. Custa só um centavo.

– Mas eu não pedi para você tirar foto nenhuma – protesta a vítima.

– O quê, não queria a foto? Ora, achamos que estivesse acenando com a mão. Bem, desperdiçamos uma placa. São seis pence, então.

A vítima geralmente fica com pena e diz que vai ficar com a foto, afinal. Os fotógrafos examinam a chapa e dizem que está danificada e que vão fazer uma nova de graça. Claro, eles não tiraram a primeira foto, na verdade; e assim, se a vítima se recusar a ser fotografada, não têm nenhum prejuízo.

Os músicos de rua, como os acrobatas, são considerados artistas, não mendigos. Um tocador de órgão manual chamado Shorty, amigo de Bozo, me contou tudo sobre o ofício. Ele e um companheiro "trabalhavam" nos cafés e *pubs* em torno de Whitechapel e da Commercial Road. É um erro pensar que os músicos desse tipo ganham a vida nas ruas; noventa por cento de sua renda é ganha em cafeterias e *pubs*, e só nos *pubs* baratos, porque eles não podem entrar nos melhores. A técnica de Shorty era parar do lado de fora de um *pub* e tocar uma música, e depois dela seu companheiro, que tinha uma perna de pau e era capaz de despertar compaixão, aparecia e passava o chapéu. Era ponto de honra para Shorty sempre tocar outra música depois de receber as "contribuições", um bis, por assim dizer; a ideia aqui era que ele era um artista de verdade, não alguém que era pago para ir embora. Ele e o companheiro ganhavam duas ou três libras por semana, mas, como tinham de pagar quinze xelins por semana pelo aluguel do órgão, sobrava só uma libra por semana cada um, mais ou menos. Ficavam nas ruas das oito da manhã às dez da noite, e até mais tarde aos sábados.

Os desenhistas de calçada às vezes são chamados de artistas, às vezes não. Bozo me apresentou a alguém que era um artista "de verdade", isto é, havia estudado arte em Paris e enviado quadros para o Salon em sua época. Sua linha eram cópias de Velhos Mestres, o que fazia maravilhosamente, considerando que desenhava na pedra da calçada. Ele me contou como começou desenhar em calçadas:

– Minha esposa e meus filhos estavam morrendo de fome. Eu voltava para casa tarde da noite, com um monte de quadros que tinha levado aos mercadores de arte e me perguntando como poderia conseguir algum dinheiro. Então, vi um sujeito na Strand ajoelhado na calçada, desenhando, e as pessoas davam moedas para ele. Quando passei, ele se levantou e entrou em um *pub*. "Puxa", pensei, "se ele pode ganhar dinheiro com isso, eu também posso". Então, no impulso, ajoelhei-me e comecei a desenhar com o giz dele. Só Deus sabe como cheguei a isso; devia estar atordoado de fome. O curioso é que eu nunca tinha usado pastéis antes. Tive que aprender a técnica à medida que desenhava. Bem, as pessoas começaram a parar e dizer que meu desenho não era ruim, e me deram nove pence. Nesse momento, o outro sujeito saiu do bar. "O que... o que está fazendo no meu ponto?", ele perguntou. Expliquei que estava com fome e precisava ganhar alguma coisa. "Ah", disse ele, "venha tomar uma cerveja comigo". Tomei uma cerveja, e desde aquele dia tenho desenhado nas calçadas. Ganho uma libra por semana. Não se pode sustentar os filhos com uma libra por semana, mas felizmente minha esposa ganha um pouco costurando.

"A pior coisa nessa vida é o frio, e a segunda pior é a interferência que você tem que suportar. No começo, sem saber muito sobre o que fazia, às vezes copiava um nu na calçada. A primeira vez foi na frente da igreja de St. Martin's-in-the-Fields. Um sujeito de preto, imagino que devia ser um chefe de igreja, ou algo assim, saiu de lá furioso. "Acha que podemos ter essa obscenidade fora da santa casa de Deus?", gritou. E eu tive que lavar o desenho. Era uma cópia da Vênus de Botticelli. Outra vez copiei a mesma foto no Embankment. Um policial que passava olhou para ele e, sem dizer uma palavra, aproximou-se e apagou tudo os grandes pés chatos."

Bozo contava a mesma história sobre interferência policial. Na época em que eu estava com ele, houve um caso de "conduta imoral" no Hyde Park, e a polícia se comportou muito mal. Bozo fez um desenho do Hyde Park com policiais escondidos entre as árvores e a legenda "Quebra-cabeça, encontre os policiais". Eu disse que teria sido muito mais eloquente escrever: "Quebra-cabeça, encontre a conduta imoral", mas Bozo não quis nem ouvir falar nisso. Disse que qualquer policial que visse o desenho o tiraria de lá, e ele perderia o ponto para sempre.

Abaixo dos desenhistas estão as pessoas que cantam hinos, ou vendem fósforos, ou cadarços de sapatos, ou envelopes contendo alguns grãos de lavanda – chamados, eufemisticamente, de perfume. Todas essas pessoas são francamente mendigos, exploram uma aparência de miséria, e nenhuma delas ganha em média mais do que meia coroa por dia. O motivo pelo qual precisam fingir que vendem fósforos e outras coisas, em vez de mendigar abertamente, é que isso é exigido pelas absurdas leis inglesas sobre mendicância. Como a lei determina agora, se você abordar um estranho e pedir dois pence, ele pode chamar a polícia, e você passa sete dias preso por mendigar. Mas, se você atormenta o ambiente cantando "Mais perto, meu Deus, de Ti", ou rabisca a calçada com alguns tocos de giz, ou fica parado com uma bandeja com fósforos, resumindo, se você se torna um estorvo, isto é considerado um ofício legítimo, não mendicância. Vender fósforos e cantar na rua são simplesmente crimes legalizados. Crimes não lucrativos, entretanto; não existe um só cantor ou vendedor de fósforos em Londres que possa ter certeza de cinquenta libras por ano, um retorno ruim para quem fica oitenta e quatro horas por semana no meio-fio, com os carros roçando no traseiro.

Vale a pena falar um pouco sobre a posição social dos mendigos, porque, quando se associa a eles e se descobre que são seres humanos comuns, é impossível não se impressionar com a atitude curiosa que a sociedade tem em relação a eles. As pessoas parecem sentir que há alguma diferença essencial entre mendigos e homens comuns "trabalhadores". Eles são uma raça à parte – párias, como criminosos e prostitutas. Os trabalhadores "trabalham", os mendigos não "trabalham"; são parasitas, imprestáveis por natureza. É um dado aceito por todos que um mendigo não "ganha" a vida, como um pedreiro ou um crítico literário "ganha" a dele. Ele é uma mera excrescência social, tolerada porque vivemos em uma época humana, mas essencialmente desprezível.

No entanto, se olharmos com atenção, veremos que não há diferença essencial entre o jeito de ganhar a vida de um mendigo e o de inúmeras pessoas respeitáveis. Dizem que mendigos não trabalham; mas o que é trabalho? Um operário pode trabalhar empunhando uma picareta. Um contador trabalha somando números. Um mendigo trabalha na rua em todos os climas e desenvolvendo varizes, bronquite crônica, etc. É um ofício como qualquer outro; bem inútil, é claro, mas muitos ofícios respeitáveis são totalmente inúteis. E, como um perfil social, um mendigo pode ser

Na pior em Paris e Londres

comparado a muitos outros. É honesto, comparado aos vendedores da maioria dos remédios de uso livre; é nobre, comparado ao proprietário de um jornal de domingo; amável, comparado a vendedor de bens financiados; resumindo, um parasita, mas um parasita inofensivo. Raramente tira da comunidade mais que o mero sustento e, o que serve como justifica de acordo com nossas ideias éticas, ele paga por isso muitas e muitas vezes com sofrimento. Não acho que exista alguma coisa em um mendigo que o coloque em uma categoria diferente das outras pessoas ou que dê à maioria dos homens modernos o direito de desprezá-lo.

Então, surge a pergunta: Por que os mendigos são desprezados? Porque eles são desprezados, universalmente. Acredito que é pelo simples fato de não conseguirem ganhar uma vida decente. Na prática, ninguém se importa se o trabalho é útil ou inútil, produtivo ou explorador; a única exigência é que seja lucrativo. Que significado existe em toda essa conversa moderna sobre energia, eficiência, serviço social e tudo o mais, exceto "ganhe dinheiro, ganhe legalmente e ganhe muito"? O dinheiro se tornou o grande teste da virtude. Um teste no qual os mendigos são reprovados, e por isso são desprezados. Se alguém pudesse ganhar até dez libras por semana mendigando, essa se tornaria uma profissão respeitável imediatamente. Um mendigo, examinado com realismo, é simplesmente um homem de negócios, ganhando a vida, como qualquer outro homem de negócios, da maneira que pode. Ele não vendeu sua honra, não mais do que a maioria das pessoas modernas; simplesmente cometeu o erro de escolher um ramo no qual é impossível ficar rico.

CAPÍTULO 32

Quero acrescentar algumas notas bem breves sobre gírias e palavrões em Londres. Seguem (omitindo aquelas que todos conhecem) algumas palavras vulgares usadas atualmente em Londres:

Gagger – mendigo ou artista de rua de qualquer tipo. *Moocher* – aquele que implora abertamente, sem pretensão de fazer alguma troca. *Nobbier* – aquele que recolhe moedas para um mendigo. *Chanter* – cantor de rua. *Clodhopper* – uma dançarina de rua. *Mugfaker* – fotógrafo de rua. *Glimmer* – cuida de automóveis vazios. *Gee* (ou Gi, como se pronuncia) – cúmplice de ambulante, estimula as vendas fingindo comprar alguma coisa. *Split* – detetive. *Flattie* – policial. *Dideki* – cigano. *Toby* – vagabundo.

Drop – dinheiro dado a um mendigo. *Fuhkum* – lavanda ou outro perfume vendido em envelopes. *Boozer* – bar. *Slang* – licença de vendedor ambulante. *Kip* – abrigo, lugar para dormir ou hospedagem noturna. *Smoke* – Londres. *Judy* – uma mulher. *Spike* – albergue. *Lump* – albergue. *Tosheroon* – dinheiro, equivale a meia coroa. *Deaner* – um xelim. *Hog* – um xelim. *Sprowsie* – seis pence. *Clods* – moedas de cobre de valor baixo. *Drum* – bule de lata. *Shackles* – sopa. *Chat* – piolho.

Na pior em Paris e Londres

Hard-up – cigarro feito com fumo tirado de bitucas. *Stick* ou *cane* – pé de cabra usado por ladrões. *Peter* – cofre. *Bly* – maçarico de oxiacetileno. *Bawl* – chupar ou engolir. *Knock off* – roubar. *Skipper* – dormir ao relento.

Cerca de metade dessas palavras está nos grandes dicionários. É interessante adivinhar a derivação de algumas, embora uma ou duas – por exemplo, *funkum* e *tosheroon* – estejam além do que alcança a suposição. *Deaner* provavelmente vem de *denier*, ou aquele que nega. *Glimmer* (e o verbo *to glim*, vislumbrar) pode ter alguma coisa a ver com a antiga palavra *glim*, que significa uma fonte de luz, ou outra palavra antiga *glim*, que significa vislumbre; mas é um exemplo de formação de palavras novas, pois em seu sentido atual dificilmente pode ser mais antigo que automóveis. *Gee* é uma palavra curiosa: é possível que tenha surgido de *gee*, que significa cavalo, no sentido de *stalking horse*, o cavalo que serve de esconderijo para o caçador. A derivação de *screever*, o desenhista de rua, é um mistério. Em última análise, provavelmente vem de *scribo*, mas não houve nenhuma palavra semelhante em inglês nos últimos 150 anos; também não pode ter vindo diretamente do francês, porque os artistas de calçada são desconhecidos na França. *Judy* e *bawl* são palavras do East End, não encontradas a oeste da Tower Bridge. *Smoke* é uma palavra usada apenas por vagabundos. *Kip* é dinamarquês. Até recentemente, a palavra *doss*[3] era usada neste sentido, mas agora é obsoleta.

A gíria e o dialeto londrino parecem mudar muito rapidamente. O antigo sotaque londrino descrito por Dickens e Surtees, com v para w, w para v, e assim por diante, agora desapareceu completamente. O sotaque *cockney*, tal como o conhecemos, parece ter surgido na década de 1840 (é mencionado pela primeira vez em um livro americano, *White Jacket*, de Herman Melville), e o *cockney* já está mudando; poucas pessoas ainda dizem *fice* em vez de *face*, *nawce* para *nice*, e assim por diante, como era

---

[3] Dormir em acomodações ruins. (N.T.)

comum há vinte anos. A gíria muda com o sotaque. Vinte e cinco ou trinta anos atrás, por exemplo, a "gíria de rima" estava na moda em Londres. Na "gíria de rima", tudo era chamado de um jeito que rimava com o nome – *hit or miss* para *kiss*, *plates of meet* para *feet*, etc. Era tão comum que era reproduzido até em romances; agora é algo quase extinto[4]. É possível que todas as palavras que mencionei acima tenham desaparecido em mais vinte anos.

Os palavrões também mudam, ou estão sujeitos à moda, pelo menos. Por exemplo, há vinte anos, as classes trabalhadoras de Londres costumavam usar a palavra *bloody*. Agora a abandonaram completamente, embora os romancistas ainda os representem usando o termo. Nenhum londrino nativo (é diferente de pessoas de origem escocesa ou irlandesa) fala *bloody* hoje em dia, a menos que seja um homem com algum nível de educação. Na verdade, a palavra subiu na escala social e deixou de ser um palavrão usado pelas classes trabalhadoras. O adjetivo atual de Londres, agora adicionado a cada substantivo, é –[5]. Sem dúvida, com o tempo –[d1], como *bloody*, encontrará o caminho para a sala de estar e será substituída por alguma outra palavra.

Toda a questão do palavrão, especialmente em inglês, é misteriosa. Por sua própria natureza, xingar é tão irracional quanto mágico; na verdade,

---

[4] Sobrevive em algumas abreviações, como em "use your twopenny", ou "use a cabeça". "Twopenny" apareceu deste jeito: head – loaf of bread – twopenny loaf – twopenny (cabeça – bengala de pão – bengala de dois pence – dois pence). (N.T.)

[5] Victor Gollancz escreve: "A lacuna nesta página apareceu na edição original, que tive o prazer de publicar. O texto censurado não pôde ser recuperado, porque o manuscrito e as provas originais desapareceram. As palavras escritas por George Orwell eram, sem dúvida, do tipo que um editor não podia publicar na época sem correr o risco de ser preso; e, mesmo que ele decidisse correr esse risco, nenhuma gráfica o teria apoiado. O código era muito rígido: Gerald Gould divulgou um poema (sobre um julgamento da época por obscenidade) com o seguinte refrão:

... *Once aboard the lugger* / Uma vez a bordo do navio
Straight from the quarter-deck the fiat falls: / O decreto bem direto do tombadilho
You may say bloody but not say bugger, / Podem chamar de maldito, mas não de homossexual
You may say bottom but may not say balls. / Podem falar bunda, mas não bolas. (N.A.)

[d1] De acordo com "He Complete Works of George Orwell", editado por Peter Hobley Davison, publicado por Secker & Warburg em 1998 (URL: http://orwell.ru/people/davison/), a palavra é *fucking*. Esta nota e as notas d2, d3, d4 e d5 foram acrescentadas por Dag, março de 2003. (N.T.)

Na pior em Paris e Londres

é uma espécie de mágica. Mas há também um paradoxo nisso, que é: nossa intenção ao xingar é chocar e ferir, o que conseguimos ao mencionar algo que deve ser mantido em segredo, geralmente alguma coisa relacionada às funções sexuais. Mas o estranho é que, quando uma palavra está bem estabelecida como palavrão, parece perder seu significado original; ou seja, ela perde aquilo que a transformou em um palavrão. Uma palavra se torna um xingamento porque significa uma determinada coisa e, porque se tornou um xingamento, deixa de significar aquela coisa. Por exemplo – [d2]. Os londrinos não usam atualmente, ou usam muito raramente, essa palavra com seu significado original; eles a repetem o tempo todo, mas é um mero palavrão e não significa nada. Da mesma forma com – [d3], que está perdendo rapidamente seu sentido original. Pode-se pensar em exemplos semelhantes em francês, como por exemplo – [d4], que agora é um palavrão sem sentido.

A palavra – [d5] ainda é usada ocasionalmente em Paris, mas as pessoas que a usam, ou a maioria delas, não têm ideia do que significava antes. Aparentemente, a regra é que os palavrões aceitos como palavrões têm algum caráter mágico que os diferencia e os torna inúteis para uma conversa normal.

Palavras usadas como insultos parecem ser regidas pelo mesmo paradoxo que palavrões. Uma palavra se torna um insulto, poderíamos supor, porque significa algo ruim; mas, na prática, seu valor ofensivo tem pouco a ver com o significado real. Por exemplo, o pior insulto que se pode fazer a um londrino é chamá-lo de *bastard*, o que, levando em consideração seu significado, bastardo, não é nada ofensivo. E o pior insulto que se pode fazer a uma mulher, em Londres ou em Paris, é *cow*, um nome que pode até ser um elogio, já que as vacas estão entre os animais mais simpáticos.

[d2] A palavra é *fuck*. (N.T.)

[d3] A palavra é *bugger*. (N.T.)

[d4] A palavra é *foutre*. (N.T.)

[d5] A palavra é *bougre*. (N.T.)

Evidentemente, uma palavra é um insulto simplesmente porque pretende ser um insulto, sem referência ao seu significado no dicionário; palavras, especialmente os xingamentos, são o que a opinião pública decide fazer delas. Nesse contexto, é interessante ver como um palavrão pode mudar de caráter ao atravessar uma fronteira. Na Inglaterra, você pode publicar "*Je m'en fous*" sem ninguém protestar. Na França, você tem que imprimir "*Je m'en f–*". Ou, para dar outro exemplo, vejamos a palavra *barnshoot*, uma corruptela da palavra hindustâni *bahinchut*. Um insulto vil e imperdoável na Índia, esta palavra é uma brincadeira inofensiva na Inglaterra. Eu até a vi em um livro escolar; estava em uma das peças de Aristófanes, e o comentarista sugeriu que era uma interpretação de algum jargão falado por um embaixador persa. Presume-se que o comentarista sabia o que significava *bahinchut*. Mas, por ser uma palavra estrangeira, havia perdido sua qualidade mágica de palavrão e podia ser publicada.

Mais uma coisa notável sobre os palavrões em Londres: os homens geralmente não xingam na frente das mulheres. Em Paris é bem diferente. Um operário parisiense pode preferir não falar um palavrão na frente de uma mulher, mas não se trata de escrúpulo, e as próprias mulheres xingam à vontade. Os londrinos são mais educados, ou mais melindrosos, em relação a isso.

Essas são algumas anotações que fiz mais ou menos ao acaso. É uma pena que alguém capaz de lidar com o assunto não mantenha um registro anual de gírias e palavrões londrinos, registrando as mudanças com precisão. Isso poderia lançar uma luz sobre a formação, o desenvolvimento e a obsolescência das palavras.

CAPÍTULO 33

As duas libras que B. me deu duraram uns dez dias. Duraram tanto graças a Paddy, que aprendera a ser econômico na rua e considerava até uma refeição saudável por dia uma extravagância louca. Comida, para ele, passara a ser simplesmente pão e margarina – o eterno chá e duas fatias, que engana a fome por uma ou duas horas. Ele me ensinou como viver, ter comida, cama, cigarro e tudo, pelo preço de meia coroa por dia. E ele conseguia ganhar alguns xelins extras mendigando à noite. Era um trabalho precário, porque ilegal, mas rendia um pouco e complementava nosso dinheiro.

Uma manhã, tentamos um emprego de homem-sanduíche. Chegamos às cinco em uma viela atrás de alguns escritórios, mas já havia uma fila de trinta ou quarenta homens esperando e, depois de duas horas, fomos informados de que não havia trabalho para nós. Não perdemos muita coisa, porque o trabalho de homem-sanduíche não tem nada de invejável. São mais ou menos três xelins por dia por dez horas de trabalho, um trabalho duro, especialmente quando venta, e não há como se esconder, pois um inspetor aparece com frequência para ver se os homens estão

187

trabalhando. Para piorar, eles são contratados por dia, ou por três dias, às vezes, nunca por semana, de modo que têm que esperar horas pelo trabalho todas as manhãs. A quantidade de desempregados prontos a aceitar o trabalho os torna impotentes para lutar por um tratamento melhor. O trabalho que todo homem-sanduíche quer é distribuir folhetos, que paga o mesmo valor. Quando você vir um homem distribuindo folhetos, pode ajudá-lo aceitando um, pois ele termina o serviço quando distribui toda a sua cota.

Enquanto isso, continuávamos com a vida de pensionista, uma vida minguada e sem acontecimentos, de um tédio esmagador. Durante dias seguidos, não havia nada a fazer além de sentar na cozinha no subsolo, ler o jornal do dia anterior ou uma edição antiga do *Union Jack,* quando alguém arrumava uma. Chovia muito nessa época, e todos que entravam estavam molhados e espalhando vapor, de modo que a cozinha fedia horrivelmente. A única animação que se tinha era o periódico chá com duas fatias. Não sei quantos homens vivem esta vida em Londres – devem ser milhares, pelo menos. Quanto a Paddy, essa era a melhor vida que ele havia conhecido nos últimos dois anos, na verdade. Seus interlúdios de perambulação, os momentos em que, de algum jeito, tinha posto as mãos em alguns xelins, tudo sempre tinha sido assim; a vadiagem propriamente dita havia sido um pouco pior. Ao ouvir sua voz chorosa – ele estava sempre choramingando quando não estava comendo –, percebia-se a tortura que o desemprego devia ser para ele. As pessoas se enganam quando pensam que um homem desempregado só se preocupa com a perda do salário; pelo contrário, um homem analfabeto, que tem o hábito do trabalho profundamente arraigado, precisa de trabalho ainda mais que de dinheiro. Um homem educado pode tolerar a ociosidade forçada, que é um dos piores males da pobreza. Mas um homem como Paddy, sem meios de preencher o tempo, sente-se tão infeliz sem trabalho quanto um cachorro acorrentado. É por isso que é tão absurdo pressupor que aqueles que "decaíram no mundo" são mais dignos de piedade que todos os outros. O homem que realmente merece

NA PIOR EM PARIS E LONDRES

piedade é aquele que é inferior desde o início e enfrenta a pobreza com uma mente vazia e sem recursos.

Foi uma época enfadonha, e pouco dela persiste em minha mente, exceto as conversas com Bozo. Uma vez a pensão foi invadida por um grupo de visitantes. Paddy e eu tínhamos saído e, quando voltamos à tarde, ouvimos música no andar de baixo. Descemos e encontramos três pessoas educadas e bem-vestidas realizando um culto religioso em nossa cozinha. O grupo era formado por um senhor sério e respeitável vestido com sobrecasaca, uma senhora sentada diante de um harmônio portátil e um jovem sem queixo que brincava com um crucifixo. Aparentemente, eles entraram e começaram a cerimônia, sem que ninguém os tivesse convidado.

Foi um prazer ver como os hóspedes lidaram com essa invasão. Não cometeram a menor grosseria com os intrusos; apenas os ignoraram. Por consenso, todos na cozinha – uns cem homens, talvez – se comportavam como se aquelas pessoas nem existissem. Lá estavam eles cantando e exortando pacientemente, sem receber nenhuma atenção. O cavalheiro de sobrecasaca fez um sermão, mas nenhuma palavra foi ouvida; a pregação foi abafada pelo barulho habitual de canções, palavrões e panelas. Os homens sentavam-se para comer ou jogar cartas a um metro de distância do harmônio, ignorando-o pacificamente. Logo os visitantes desistiram e foram embora, sem serem insultados de forma alguma, apenas ignorados. Sem dúvida, eles se consolaram pensando em como foram corajosos "aventurando-se espontaneamente nos mais baixos antros", etc., etc.

Bozo disse que essas pessoas iam à pensão várias vezes por mês. Tinham influência na polícia, e o "assistente" não podia expulsá-los. É curioso como as pessoas acham que têm o direito de pregar e orar por você assim que sua renda cai abaixo de um determinado nível.

Depois de nove dias, as duas libras de B. foram reduzidas a uma e nove pence. Paddy e eu reservamos dezoito pence para pagar por nossas camas e gastamos três pence no costumeiro chá com duas fatias, que dividimos – um aperitivo, em vez de uma refeição. À tarde, estávamos com uma fome terrível, e Paddy se lembrou de uma igreja perto da estação King's Cross onde ofereciam aos mendigos um chá gratuito uma vez por semana. Esse era o dia do chá, e decidimos ir até lá. Bozo, apesar do tempo chuvoso e de estar quase sem nenhum dinheiro, não foi conosco, disse que igrejas não eram seu estilo.

Do lado de fora da igreja havia uma centena de homens esperando, tipos sujos que vieram de longe ao ouvir a notícia de um chá grátis, como aves de rapina voando em círculo sobre um búfalo morto. Logo as portas se abriram, e um clérigo e algumas meninas nos conduziram até uma galeria no alto da igreja. Era uma igreja evangélica, sem enfeite e propositadamente feia, com textos sobre sangue e fogo gravados nas paredes e um hinário contendo mil duzentos e cinquenta e um hinos; depois de ler alguns, concluí que o livro serviria para representar uma antologia de versos ruins. Haveria um culto depois do chá, e a congregação regular estava sentada nos bancos da igreja, lá embaixo. Era dia de semana, e havia apenas algumas dúzias de pessoas, em sua maioria velhas de cabelo grudento que pareciam muito bravas. Recebemos nosso chá nos bancos da galeria; era um pote de meio quilo geleia cheio de chá para cada um, com seis fatias de pão e margarina. Assim que o chá acabou, uns dez mendigos que ficaram perto da porta fugiram para evitar o serviço; o resto ficou, menos por gratidão do que por falta de coragem para ir embora.

O órgão emitiu algumas notas preliminares, e o serviço começou. E instantaneamente, como se respondessem a um sinal, os mendigos começaram a se comportar de um jeito ultrajante. Era impossível imaginar cenas como aquelas em uma igreja. Por toda a galeria, os homens recostavam-se nos bancos, riam, conversavam, se inclinavam e jogavam bolinhas de pão na congregação; tive de impedir o homem ao meu lado de acender um cigarro, mais ou menos à força,. Os mendigos tratavam o culto como um espetáculo cômico. Foi, de fato, um culto bem ridículo, do tipo em que há gritos repentinos de "aleluia!" e orações improvisadas intermináveis, mas o comportamento deles ultrapassava todos os limites. Havia um velho na congregação – irmão Bootle, ou alguma coisa assim – que era chamado frequentemente para nos guiar em oração, e, sempre que ele se levantava, os mendigos começavam a bater os pés no chão como se estivessem em um teatro; disseram que em uma ocasião anterior ele havia rezado de improviso por vinte e cinco minutos, até ser interrompido pelo ministro. Uma vez, quando o irmão Bootle se levantou, um mendigo gritou: "Dois contra um como não vai passar de sete!", e falou tão alto que toda a igreja deve ter ouvido. Não demorou muito para que estivéssemos fazendo muito mais barulho do que o ministro. Às vezes, alguém lá embaixo soltava um "Shhh!" indignado, mas ninguém se importava. Tínhamos decidido alegrar a cerimônia, e nada poderia nos deter.

Era uma cena esquisita e muito desagradável. Lá embaixo havia um punhado de pessoas simples e bem-intencionadas, se esforçando muito para rezar; e no andar de cima estavam os cem homens que eles tinham alimentado, deliberadamente empenhados em impedir a oração. Um círculo de rostos sujos e barbudos sorria para eles da galeria, debochando abertamente. O que algumas mulheres e velhos poderiam fazer contra cem mendigos hostis? Eles estavam com medo de nós, e nós os intimidávamos francamente. Era nossa vingança por nos terem humilhado oferecendo alimentação.

O ministro era um homem corajoso. Retumbava com firmeza fazendo um sermão sobre Joshua, e quase conseguia ignorar as risadinhas e a conversa lá em cima. Mas no final, talvez provocado além do que era suportável, disse em voz alta:

– Vou dirigir os últimos cinco minutos do meu sermão aos pecadores não salvos!

E olhou para a galeria e falou durante cinco minutos olhando para nós, para que não houvesse nenhuma dúvida sobre quem eram os salvos e quem eram os não salvos. Mas não ligamos muito! Enquanto o ministro ameaçava com o fogo do inferno, enrolávamos cigarros e, no último amém, descemos a escada aos gritos, muitos combinando voltar para mais um chá grátis na próxima semana.

A cena despertou meu interesse. Era muito diferente do comportamento comum dos mendigos, da gratidão rastejante com a qual normalmente aceitavam caridade. A explicação, claro, era que estávamos em maior número que a congregação e, portanto, não tínhamos medo deles. Um homem que recebe caridade quase sempre odeia seu benfeitor – é uma característica imutável da natureza humana; e, quando tem outros cinquenta ou cem para apoiá-lo, ele a exibe.

À noite, depois do chá grátis, Paddy inesperadamente ganhou outros dezoito pence mendigando. Era exatamente o valor para outra noite de hospedagem, e nós separamos esse dinheiro e ficamos com fome até as nove da noite seguinte. Bozo, que poderia ter nos dado alguma coisa para comer, ficou fora o dia todo. As calçadas estavam molhadas e ele foi ao Elephant and Castle, onde conhecia um ponto sob uma cobertura. Felizmente eu ainda tinha um pouco de tabaco, ou o dia poderia ter sido pior.

Às oito e meia, Paddy me levou ao Embankment, onde um clérigo distribuía vales-refeição uma vez por semana. Embaixo da ponte Charing Cross, cinquenta homens esperavam refletidos nas poças trêmulas. Alguns deles eram espécimes realmente terríveis. Dormiam no Embankment, e o Embankment traz à tona coisas piores do que os albergues. Um deles, eu me lembro, estava vestido com um sobretudo sem botões, amarrado com corda, calça esfarrapada e botas que expunham os dedos dos pés, mais nada. Era barbudo como um faquir e havia conseguido desenhar listras no peito e nos ombros com uma horrível sujeira preta que lembrava óleo de trem. O que se podia ver do rosto e do cabelo embaixo da sujeira era pálido como papel, resultado de alguma doença maligna. Eu o ouvi falar, e ele se expressava bem, como um funcionário de escritório ou comerciante.

Logo o clérigo apareceu, e os homens se organizaram em uma fila por ordem de chegada. O clérigo era um homem simpático, rechonchudo e

NA PIOR EM PARIS E LONDRES

jovem e, curiosamente, muito parecido com Charlie, meu amigo em Paris. Era tímido e envergonhado e não falou quase nada, exceto um breve boa-noite; simplesmente percorreu a fila entregando um vale a cada homem, sem esperar pelos agradecimentos. O resultado era que, pela primeira vez, houve gratidão autêntica, e todos disseram que o clérigo era um bom homem. Alguém (que ele podia ouvir, imagino) gritou:

– Bem, ele nunca será um bispo! – Isso, é claro, pretendia ser um elogio afetuoso.

Os vales eram de seis pence cada um e podiam ser usados em um restaurante não muito longe dali. Quando chegamos lá, descobrimos que o proprietário, sabendo que os mendigos não poderiam ir para outro lugar, estava roubando, dando apenas quatro pence de comida por vale. Paddy e eu juntamos nossos vales e recebemos comida que poderíamos comprar por sete ou oito pence na maioria das cafeterias. O clérigo distribuíra bem mais de uma libra em vales, o que significava que o proprietário estava roubando dos mendigos uns sete xelins ou mais por semana. Este tipo de tratamento é parte normal da vida de um mendigo e não vai mudar, enquanto as pessoas continuarem dando vale-refeição, em vez de dinheiro.

Paddy e eu voltamos para a hospedaria e, ainda com fome, ficamos na cozinha, fazendo do calor do fogo um substituto para a comida. Às dez e meia, Bozo chegou cansado e abatido, pois a perna mutilada transformava as caminhadas em um tormento. Ele não ganhara um centavo desenhando, todos os pontos sob a cobertura estavam ocupados, e durante várias horas ele mendigou abertamente, de olho nos policiais. Tinha conseguido oito pence – um a menos do que precisava para pagar a hospedagem. Já havia passado muito da hora de pagar, e ele só conseguiu entrar escondido quando o assistente não estava olhando; a qualquer momento ele poderia ser notado e posto para fora, e teria que ir dormir no Embankment. Bozo tirou as coisas dos bolsos e examinou-as, pensando no que vender. Escolheu a navalha, levou-a para a cozinha e, em poucos minutos, a vendeu por três pence – o suficiente para pagar a hospedagem, comprar uma caneca de chá e guardar meio pence.

Bozo pegou sua caneca de chá e sentou-se perto do fogo para secar a roupa. Enquanto bebia o chá, vi que ria sozinho, como se tivesse ouvido uma boa piada. Surpreso, perguntei do que ele estava rindo.

– É muito engraçado! – disse ele. – É engraçado demais. O que acha que acabei de fazer?

– O quê?

– Vendi minha navalha sem me barbear primeiro. Que idiota!

Ele não comia desde aquela manhã, havia caminhado vários quilômetros com a perna deformada, as roupas estavam encharcadas e só havia meio pence entre ele e a fome. E, mesmo com tudo isso, ele conseguia rir de ter perdido a navalha. Não se podia deixar de admirá-lo.

CAPÍTULO 34

Na manhã seguinte, já quase sem dinheiro, Paddy e eu fomos para o albergue. Seguimos rumo ao sul pela Old Kent Road, em direção a Cromley; não podíamos ir a um albergue em Londres, porque Paddy estivera em um recentemente e não queria correr o risco de ir de novo. Foi uma caminhada de vinte e cinco quilômetros no asfalto, e estávamos com bolhas nos calcanhares e com muita fome. Paddy andava pela calçada, acumulando pontas de cigarro para o tempo que passaria no abrigo. No final, sua perseverança foi recompensada, pois ele encontrou um pence. Compramos um grande pedaço de pão amanhecido e o devoramos enquanto caminhávamos.

Quando chegamos a Cromley, era muito cedo para ir até o abrigo, e andamos mais alguns quilômetros até uma plantação ao lado de uma campina, onde se podia sentar. Era uma área de acampamento de mendigos – podia-se dizer pela grama gasta, pelos jornais encharcados e pelas latas enferrujadas que eles deixavam para trás. Outros mendigos chegavam sozinhos ou em duplas. O clima de outono era agradável. Perto dali crescia um canteiro profundo de margaridas amarelas; tenho a impressão de que ainda sinto o perfume forte daquelas margaridas, disputando a primazia com o mau cheiro dos mendigos. Na campina, dois cavalos de tração de pelo prateado e crina e cauda brancas pastavam perto de um portão. Deitamos no chão, suados e exaustos. Alguém conseguiu encontrar gravetos secos e acender uma fogueira, e todos nós tomamos chá sem leite de um "tambor" de lata que circulava entre todos.

Alguns mendigos começaram a contar histórias. Um deles, Bill, era um tipo interessante, um autêntico mendigo da antiga linhagem, forte como Hércules e inimigo declarado do trabalho. Ele se gabava de conseguir trabalho de estivador sempre que queria, graças à sua grande força, mas, assim que recebia o pagamento pela primeira semana, bebia demais e era demitido. Entre um trabalho e outro ele mendigava, principalmente entre lojistas. Ele falava assim:

– Eu não vou muito longe em… Kent. Kent é um território fechado, é sim. Tem muita gente mendigando por aí. Os… padeiros preferem jogar o pão fora a dar para quem pede. Oxford, esse é o lugar para quem quer pedir, Oxford. Quando eu estava em Oxford, pedia pão, *bacon* e carne, e todas as noites pedia moedas aos estudantes para pagar um lugar para dormir. Na última noite, faltavam dois pence para pagar uma cama, então fui pedir três pence a um pároco. Ele me deu os três pence e, no momento seguinte, me denunciou por mendigar. "Você está mendigando", disse o policial. "Não, não estou", respondi, "estava perguntando as horas ao cavalheiro". O policial começou a me revistar e encontrou meio quilo de carne e dois pães nos bolsos do meu casaco. "Bem, o que é tudo isso, então?", ele perguntou. "É melhor vir comigo para a delegacia". Peguei sete dias. Não peço mais nada… a párocos. Mas, Cristo! Quem se importa com sete dias de descanso?

Sua vida inteira parecia ser assim – uma rodada de mendicância, bebida e prisão. Ele ria quando falava disso, como se fosse tudo uma tremenda piada. E não parecia ganhar mundo mendigando, porque usava só um

NA PIOR EM PARIS E LONDRES

conjunto de calça e blusa de algodão grosseiro, cachecol e boné, não tinha meias nem roupa de cama. Mas era gordo e alegre, e até cheirava a cerveja, um aroma bem incomum entre os mendigos hoje em dia.

Dois mendigos estiveram no abrigo de Cromley recentemente e contaram uma história de fantasmas relacionada ao lugar. Anos antes, disseram, aconteceu um suicídio lá. Um mendigo conseguiu contrabandear uma navalha para dentro da cela e cortou a própria garganta. De manhã, quando o Mendigo-Mor apareceu, o corpo estava atrás da porta e, para abri-la, foi preciso quebrar o braço do morto. Para se vingar, o homem morto assombrava aquela cela, e qualquer um que dormisse lá certamente morreria dentro de um ano; havia muitos exemplos, é claro. Se a porta de uma cela emperrava quando se tentava abri-la, era preciso evitá-la como se fosse a praga, pois era a cela mal-assombrada.

Dois mendigos, ex-marinheiros, contaram outra história sinistra. Um homem (eles juravam que o conheciam) planejara embarcar em um barco com destino ao Chile. O barco estava carregado de produtos manufaturados acondicionados em grandes engradados de madeira e, com a ajuda de um estivador, o clandestino conseguiu se esconder em um deles. Mas o estivador cometeu um erro quanto à ordem em que as caixas deveriam ser carregadas. O guindaste levantou o caixote com o clandestino e o depositou bem no fundo do porão, embaixo de centenas de engradados. Ninguém descobriu nada até o fim da viagem, quando encontraram o clandestino em decomposição, morto por sufocamento.

Outro mendigo contou a história de Gilderoy, o ladrão escocês. Gilderoy foi condenado à forca, escapou, capturou o juiz que o havia condenado e (grande sujeito!) o enforcou. Os mendigos gostaram da história, é claro, mas o interessante foi ver que entenderam tudo errado. A versão deles era que Gilderoy havia escapado para a América e, na verdade, ele foi recapturado e executado. A história foi corrigida, sem dúvida deliberadamente; assim como as crianças alteram as histórias de Sansão e Robin Hood, dando a elas finais felizes totalmente imaginários.

Isso fez os mendigos conversar sobre a história, e um homem muito velho declarou que a "lei da mordida" era um resquício dos dias em que os nobres caçavam homens, em vez de veados. Alguns riram dele, mas o homem estava convicto disso. Ele também tinha ouvido falar das Leis do Milho e do *jus primae noctis* (e acreditava que realmente existia); também sabia da Grande Rebelião, que ele pensava ser uma rebelião dos pobres contra os ricos – talvez a confundisse com as revoltas camponesas. Duvido que o velho soubesse ler, e certamente não estava repetindo artigos de jornal. Seus fragmentos de história eram passados de geração a geração de mendigos, talvez ao longo de séculos, em alguns casos. Era a tradição oral que persistia, como um eco fraco da Idade Média.

Paddy e eu fomos para o abrigo às seis da tarde, e saímos às dez da manhã. Era muito parecido com Romton e Edbury, e não vimos nem sinal do fantasma.

Entre os hóspedes casuais havia dois jovens chamados William e Fred, ex-pescadores de Norfolk, uma dupla animada que gostava de cantar. Eles tinham uma música chamada "Infeliz Bella", que vale a pena escrever. Eu os ouvi cantar essa canção meia dúzia de vezes durante os dois dias seguintes e consegui decorá-la, com exceção de uma ou duas linhas, que deduzi. É assim:

> *Bella era jovem e Bella era linda*
> *Com olhos azuis brilhantes e cabelos dourados, oh, oh, Bella*
> *infeliz!*
> *Seu passo era leve e seu coração era alegre,*
> *Mas ela não tinha juízo, e um belo dia*
> *Ela foi desencaminhada*
> *Por um mentiroso perverso, sem coração e cruel.*
> *A pobre Bella era jovem, não acreditava*
> *Que o mundo é duro e os homens mentem, oh, Bella infeliz!*
> *Ela disse: "Meu homem fará o que é justo,*

NA PIOR EM PARIS E LONDRES

Ele vai se casar comigo agora, porque deve";
Seu coração estava cheio de amorosa confiança
Por um mentiroso perverso, sem coração e cruel.
Ela foi para a casa dele; aquele lixo imundo
Tinha feito as malas e caído no mundo, oh, Bella infeliz!
A senhoria disse: "Fora, sua rameira,
Não vou permitir que denigra minha soleira".
Pobre Bella, sofria por um mentiroso perverso, sem coração e cruel.
A noite toda ela pisou na gelada neve,
O que deve ter sofrido ninguém sabe, oh, infeliz Bella!
E, quando a manhã chegou tão vermelha,
Ai, infelizmente, a pobre Bella estava morta,
Enviada tão jovem para seu descanso solitário
Por um mentiroso perverso, sem coração e cruel.
Então, você sabe, o que quer que se faça,
Os frutos do pecado ainda estão em desgraça, oh, Bella infeliz!
Quando no túmulo eles a deitaram,
Os homens disseram: "Infelizmente, a vida é assim",
Mas as mulheres cantavam com voz doce e baixa,
"Todos os homens são uns bastardos imundos!"

Escrito por uma mulher, talvez.

William e Fred, os cantores dessa canção, eram verdadeiros patifes, o tipo de homem que justifica a má fama dos mendigos. Por acaso, sabiam que o Mendigo-Mor em Cromley tinha um estoque de roupas velhas, que deviam ser dadas aos abrigados quando fosse necessário. Antes de entrar, William e Fred tiraram as botas, rasgaram as costuras e cortaram as solas, deixando-as mais ou menos arruinadas. Depois solicitaram dois pares de botas, e o Mendigo-Mor, vendo como os calçados deles estavam em péssimas condições, deu a eles novos pares. William e Fred mal saíram do abrigo de manhã e venderam as botas por um xelim e nove pence.

Acharam que valeu a pena praticamente inutilizar as próprias botas para ganhar um xelim e nove pence.

Quando saímos do abrigo, fomos todos para o sul, uma longa procissão maltrapilha, para Lower Binfield e Ide Hill. No caminho houve uma briga entre dois mendigos. Eles brigaram durante a noite (houve algum *casus belli* bobo sobre um ter falado *bull shit*, "bobagem", e outro ter confundido com bolchevique – um insulto mortal), e eles lutaram em um campo. Havia uns dez homens assistindo à briga. A cena ficou gravada em minha mente por uma razão: o homem que apanhava caiu, perdeu o boné, e vi que ele tinha o cabelo bem branco. Depois disso, alguns homens intercederam e acabaram com a briga. Enquanto isso, Paddy fazia perguntas e descobria que a verdadeira causa da briga era, como sempre, alguns centavos em comida.

Chegamos a Lower Binfield bem cedo, e Paddy ocupou o tempo pedindo trabalho em portas dos fundos. Em uma casa, deram a ele alguns caixotes para cortar e transformar em madeira para fogo e, dizendo que tinha um companheiro do lado de fora, ele me levou para dentro e fizemos o trabalho juntos. Quando terminamos, o dono da casa mandou a empregada servir uma xícara de chá para nós. Eu me lembro de como ela estava apavorada quando saiu e, perdendo a coragem, deixou as xícaras no chão e voltou correndo para dentro, trancando-se na cozinha. Como é assustador o nome "mendigo". Ganhamos seis pence cada um e compramos um pão de três pence e quinze gramas de tabaco, e sobraram cinco pence.

Paddy achou mais sensato enterrar nossos cinco pence, pois o Mendigo-Mor em Lower Binfield tinha fama de tirano e poderia se recusar a nos receber, se tivéssemos algum dinheiro. É uma prática comum entre os mendigos enterrar dinheiro. Se pretendem contrabandear uma grande quantia para dentro de um abrigo, geralmente costuram o dinheiro nas roupas, o que pode significar prisão, se forem pegos, é claro. Paddy e Bozo tinham uma boa história sobre isso. Um irlandês (Bozo disse que era um irlandês; Paddy disse que era inglês), que não era mendigo e tinha trinta

NA PIOR EM PARIS E LONDRES

libras, foi parar em uma pequena aldeia onde não conseguia encontrar lugar para dormir. Ele consultou um mendigo, que o aconselhou a ir para o albergue. Se não se pode conseguir uma cama em outro lugar, é bastante comum que se procure hospedagem em uma casa de indigentes, pagando uma quantia razoável por isso. O irlandês, entretanto, achou que era esperto e que conseguiria uma cama de graça e se apresentou na casa para indigentes como um abrigado comum. Ele havia costurado as trinta libras nas roupas. Nesse ínterim, o mendigo a quem ele tinha pedido informações identificou uma chance e, naquela noite, pediu permissão ao Mendigo-Mor para deixar o abrigo na manhã seguinte bem cedo, porque ia procurar emprego. Às seis da manhã, ele foi liberado e saiu – com roupas de irlandês. O irlandês reclamou do roubo e passou trinta dias na cadeira por ter se hospedado em uma casa de indigentes sob falsos pretextos.

CAPÍTULO 35

Chegamos a Lower Binfield e ficamos deitados por muito tempo no gramado, vigiados por moradores que nos observavam dos portões dos chalés. Um clérigo e sua filha se aproximaram e nos examinaram em silêncio por algum tempo, como se fôssemos peixes de aquário, e depois foram embora. Éramos algumas dezenas li esperando. William e Fred estavam lá, ainda cantando, e os homens que haviam brigado, e Bill, o pedinte. Ele tinha ido mendigar aos padeiros e levava uma grande quantidade de pão amanhecido entre o casaco e o corpo nu. Ele compartilhou esse pão e todos nós ficamos felizes. Havia uma mulher entre nós, a primeira mendiga que vi. Era uma mulher de 60 anos, gorda, maltratada e muito suja, com uma saia preta e comprida. Ela exibia grandes ares de dignidade e, se alguém sentasse perto dela, ela bufava e se afastava.

– Para onde vai, senhora? – um dos mendigos perguntou.

A mulher bufou e olhou para o outro lado.

– Vamos, senhora – disse ele –, anime-se. Seja agradável. Estamos todos no mesmo barco aqui.

– Obrigada – disse ela com tom amargo. – Quando eu quiser me envolver com um bando de mendigos, eu aviso.

Na pior em Paris e Londres

Gostei do jeito como ela disse mendigos. Era como se, em um *flash*, mostrasse toda a alma do outro; uma pequena alma feminina e ofuscada que não aprendera nada em anos nas ruas. Ela era, sem dúvida, uma viúva respeitável, que se tornou mendiga por algum acidente grotesco.

O abrigo abriu às seis horas. Era sábado, e deveríamos ficar confinados durante o fim de semana, que é a prática habitual; não sei por quê, a menos que seja por um vago sentimento de que o domingo merece algo desagradável. Quando nos registramos, disse que era "jornalista". Era mais verdadeiro que "pintor", pois às vezes eu ganhava dinheiro escrevendo artigos de jornal, mas foi uma coisa boba de se dizer, porque certamente provocaria questionamentos. Assim que entramos no abrigo e fomos perfilados para a revista, o Mendigo-Mor me chamou pelo nome. Ele era um homem austero e de ares militares de 40 anos, não parecia ser o autoritário intimidador que todos diziam, mas tinha a aspereza de um velho soldado. Ele disse com tom seco:

– Qual de vocês é o Blank? – (Esqueci que nome tinha dado.)

– Eu, senhor.

– Então, você é jornalista?

– Sim, senhor – respondi meio inseguro. Algumas perguntas revelariam que era mentira, e eu poderia ser preso. Mas o Mendigo-Mor só me olhou de cima a baixo e disse:

– Então é um cavalheiro?

– Suponho que sim.

Ele me examinou novamente sem pressa.

– Bem, isso é um tremendo azar, chefe – disse ele. – Um tremendo azar, é sim. – E depois disso ele passou a me tratar com um favoritismo injusto e até com uma espécie de deferência. Não me revistou e, no banheiro, me deu uma toalha limpa, um luxo inédito. Como é poderosa a palavra "cavalheiro" no ouvido de um velho soldado.

Por volta das sete, havíamos devorado nosso pão e chá e estávamos nas celas. Dormimos um em cada cela, e havia estrados de cama e colchonetes de palha, de modo que deveria ter sido uma boa noite de sono. Mas nenhum abrigo é perfeito, e a deficiência específica em Lower Binfield era o frio. Os canos quentes não funcionavam, e os dois cobertores que recebemos eram de algodão fino, quase inúteis. Ainda era outono, mas o frio era intenso. Passei a longa noite de doze horas virando de um lado para o outro, dormindo por alguns minutos e acordando tremendo. Não podíamos fumar, pois o fumo, que havíamos conseguido contrabandear, estava em nossas roupas, e só as teríamos de volta de manhã. Era possível ouvir gemidos no corredor, e às vezes alguém gritando um palavrão. Imagino que ninguém tenha conseguido dormir mais de uma ou duas horas.

De manhã, depois do desjejum e do exame médico, o Mendigo-Mor levou todos nós para o refeitório e trancou a porta. Era uma sala caiada com chão de pedra, indescritivelmente lúgubre, mobiliada com peças e bancos de tábuas e cheirando a prisão. As janelas gradeadas eram altas demais para se olhar por elas, e não havia enfeites, exceto um relógio e uma cópia das regras da casa de indigentes. Espremidos lado a lado nos bancos, já estávamos entediados, embora fossem só oito da manhã. Não havia nada para fazer, nada para falar, nem mesmo espaço para se mover. O único consolo era que se podia fumar, porque fumar era permitido, desde que não houvesse flagrante. Scotty, um mendigo cabeludo com um sotaque horrível, fruto de um *cockney* de Glasgow, não tinha tabaco, porque sua lata de bitucas tinha caído do cano da botina durante a revista e sido confiscada. Dei a ele os ingredientes para um cigarro. Fumávamos furtivamente, enfiando os cigarros no bolso, como colegiais, quando ouvimos o Mendigo-Mor chegar.

A maioria dos mendigos passou dez horas seguidas nessa sala sem alma e sem conforto. Só Deus sabe como aguentaram. Tive mais sorte que os outros, pois às dez horas o Mendigo-Mor escolheu alguns homens para trabalhos aleatórios e me escolheu para ajudar na cozinha da casa de indigentes, a função mais cobiçada de todas. Mais um encantamento produzido pela palavra "cavalheiro", como a toalha limpa.

NA PIOR EM PARIS E LONDRES

Não havia trabalho a fazer na cozinha, e me esgueirei para um pequeno galpão usado para armazenar batatas, onde alguns moradores da casa se escondiam para fugir da cerimônia matinal de domingo. Havia caixas confortáveis para sentar e alguns números velhos do *Family Herald*, e até mesmo um exemplar da *Raffles* tirado da biblioteca da casa. Os indigentes falavam de um jeito interessante sobre a vida em uma casa como aquela. Contaram, entre outras coisas, que o que realmente detestavam era o uniforme, por ser um estigma da caridade; se os homens pudessem usar as próprias roupas, ou mesmo seus bonés e suas echarpes, não se importariam de ser indigentes. Comi à mesa da casa de indigentes, e foi uma refeição digna de uma jiboia – a maior que comi desde meu primeiro dia no Hôtel X. Os pobres disseram que costumavam se fartar no domingo e passavam fome durante o resto da semana. Depois do almoço, a cozinheira me pôs para lavar a louça e disse para jogar fora a comida que sobrou. O desperdício era surpreendente e, naquelas circunstâncias, terrível. Pedaços de carne deixados pela metade, cestos de pão partido e vegetais foram jogados fora como lixo e depois contaminados com folhas de chá. Enchi cinco latas de lixo até a borda com comida muito comestível. E, enquanto eu fazia isso, cinquenta mendigos estavam no abrigo com a barriga meio cheia do almoço de pão e queijo, e talvez duas batatas cozidas e frias cada um, homenagem ao domingo. De acordo com os indigentes, jogar a comida fora, em vez de dar aos mendigos, era uma política deliberada.

Às três horas voltei para o abrigo. Os mendigos estavam lá sentados desde as oito, quase sem espaço para mover um cotovelo, e agora meio loucos de tédio. Até o tabaco estava no fim, pois o fumo de um mendigo é tirado de bitucas de cigarro, e ele morre de fome se ficar mais do que algumas horas longe da calçada. A maioria dos homens estava entediada demais até para falar; apenas permaneciam ali amontoados nos bancos, olhando para o nada, os rostos esqueléticos divididos ao meio por enormes bocejos. A sala fedia a tédio.

Paddy, que sentia dor no traseiro por causa do banco duro, estava choramingando, e, para passar o tempo, conversei com um mendigo muito superior, um jovem carpinteiro que usava colarinho e gravata e estava na rua, disse ele, por não ter um conjunto de ferramentas. Ele se mantinha um pouco afastado dos outros mendigos e se comportava mais como um homem livre do que como um abrigado. Também tinha gostos literários e levava no bolso um exemplar de *Quentin Durward*. Ele me disse que nunca procurava um abrigo: a menos que fosse impelido pela fome, preferia dormir embaixo de sebes e atrás de fardos. Ao longo da costa sul, ele passava várias semanas mendigando durante o dia e dormindo em cabanas de banho.

Conversamos sobre a vida nas ruas. Ele criticou o sistema que faz um mendigo passar quatorze horas por dia no abrigo e as outras dez andando, evitando a polícia. Falou da própria história – seis meses à custa do estado por não ter o equivalente a algumas libras em ferramentas. Era idiotice, disse ele.

Contei sobre o desperdício de comida na cozinha da casa de indigentes e falei o que pensava disso. Ele mudou de tom instantaneamente. Vi que havia acordado o empreendedor que dorme em todo trabalhador inglês. Embora estivesse faminto como os outros, ele entendeu imediatamente por que a comida devia ser descartada, em vez de ser doada aos mendigos. E me advertiu com severidade.

– Têm que ser assim – disse. – Se tornassem esses lugares muito confortáveis, eles seriam invadidos por toda a escória do país. É só a comida ruim que mantém toda essa escória longe. Esses vagabundos aqui são preguiçosos demais para trabalhar, isso é tudo que há de errado neles. Não se pode incentivar. Eles são uma escória.

Ofereci argumentos para provar que ele estava errado, mas ele não quis ouvir. Só repetia:

– Não pode ter nenhuma piedade desses vagabundos, escória, é isso que eles são. Não pode julgá-los pelos mesmos padrões usados para homens como você e eu. Eles são escória, apenas escória.

Era interessante ver a sutileza com que ele se desassociava "desses vagabundos". Estava na rua havia seis meses, mas parecia sugerir que, aos olhos de Deus, ele não era um vagabundo nem um mendigo. Imagino que haja muitos mendigos que agradecem a Deus por não serem mendigos. São como os viajantes que dizem coisas horríveis sobre viajantes.

Três horas se passaram. Às seis serviram o jantar, que se revelou intragável; o pão, que já era firme pela manhã (fora cortado em fatias na noite de sábado), agora estava duro como pedra. Felizmente, tinha sido coberto por um molho gorduroso, e raspamos essa cobertura e a comemos pura, o que era melhor do que nada. Às seis e quinze nos mandaram para a cama. Chegavam novos mendigos, e, para não misturar os abrigados de dias diferentes (por medo de doenças infecciosas), os novos foram colocados nas celas, e nós, nos dormitórios. Nosso dormitório era um salão com jeito de celeiro, com trinta camas bem próximas e uma banheira que servia de penico para todos. O cheiro era abominável, e os homens mais velhos tossiram e se levantaram a noite toda. Mas tantos homens juntos e próximos mantinham o quarto aquecido, e dormimos um pouco.

Saímos às dez da manhã, depois de um novo exame médico, levando um pedaço de pão e queijo para a refeição do meio do dia. William e Fred, fortalecidos pela posse de um xelim, empalaram o pão nas estacas da grade – em sinal de protesto, disseram. Esse era o segundo abrigo em Kent que decretaram ruim demais para eles, e achavam que isso era uma ótima piada. Eram muito alegres, para mendigos. O imbecil (há um imbecil em cada grupo de mendigos) disse que estava cansado demais para andar e se agarrou às grades, até que o Mendigo-Mor teve de tirá-lo de lá e colocá-lo para andar com um chute. Paddy e eu seguimos rumo ao norte, para Londres. Os outros, ou a maioria deles, iam para Ide Hill, considerado o abrigo da Inglaterra[6].

Mais uma vez, o tempo de outono era bom, e a estrada estava tranquila, com poucos carros passando. O ar parecia ter cheiro de erva-doce, depois da mistura de cheiros de suor, sabão e esgoto. Aparentemente, nós dois

---

[6] Estive lá depois disso, e não é tão ruim. (N.T.)

GEORGE ORWELL

éramos os únicos mendigos na rua. Então ouvi passos apressados atrás de nós e alguém chamando. Era o pequeno Scotty, o mendigo de Glasgow, que corria atrás de nós ofegante. Ele tirou uma lata enferrujada do bolso. Exibia um sorriso simpático, como alguém que retribui um favor.

– Aqui está, companheiro – disse de um jeito cordial. – Eu lhe devo algumas pontas de cigarro. Você me deu um cigarro ontem. O Mendigo-Mor devolveu minha caixa de bitucas de cigarro quando saímos de lá, nesta manhã. Uma boa ação merece outra. Aqui está.

E ele colocou quatro pontas de cigarro encharcadas, destruídas e repugnantes na minha mão.

CAPÍTULO 36

Quero fazer algumas observações gerais sobre os mendigos. Quando se pensa nisso, mendigos são um produto estranho e digno de consideração. É estranho que uma tribo de homens, dezenas de milhares deles, esteja andando para cima e para baixo na Inglaterra como tantos judeus errantes. Mas, embora o caso obviamente deva ser considerado, não se pode nem mesmo começar a pensar nele antes de nos livrarmos de alguns preconceitos. Esses preconceitos têm por base a ideia de que todo mendigo, *ipso facto*, é desprezível. Na infância, fomos ensinados que os mendigos são desprezíveis e, consequentemente, existe em nossas mentes uma espécie de mendigo ideal ou típico – uma criatura repulsiva e bastante perigosa, que prefere morrer a trabalhar ou tomar banho, e só quer pedir, beber e roubar galinheiros. Este mendigo-monstro não é mais fiel à vida real do que o sinistro Chinaman das histórias de revista, mas é muito difícil se livrar dele. A própria palavra "mendigo" evoca sua imagem. E a crença nele obscurece as verdadeiras questões da mendicância.

Para responder a uma pergunta fundamental sobre a mendicância: por que existem mendigos? É curioso, mas poucas pessoas sabem o que leva um mendigo para a rua. E, por causa da crença no mendigo-monstro, são sugeridos os motivos mais fantásticos. Diz-se, por exemplo, que os mendigos andam por aí para evitar o trabalho, para mendigar com mais facilidade, para buscar oportunidades no crime, até – o menos provável dos motivos – porque gostam de vagar. Eu até li em um livro de criminologia que a mendicância é um atavismo, um retorno ao estágio nômade da humanidade. E, enquanto isso, a causa óbvia da mendicância está diante do nosso nariz. Claro que a mendicância não é um atavismo nômade – seria possível dizer também que uma viagem comercial é um atavismo. Um mendigo anda por aí não porque gosta, mas pelo mesmo motivo que um carro mantém a direita; porque existe lei que o obriga a isso. Um homem pobre, se não for sustentado pela paróquia, só consegue ajuda nos albergues, e, como cada albergue só o recebe por uma noite, ele é automaticamente mantido em movimento. O mendigo anda porque, no estado legal, é isso ou passar fome. Mas as pessoas foram educadas para acreditar no mendigo-monstro e, por isso, preferem pensar que deve haver algum motivo mais ou menos vil para ele vagar por aí.

Na verdade, muito pouco do mendigo-monstro sobreviverá a uma investigação. Pense na ideia geralmente aceita de que os mendigos são personagens perigosos. Independentemente da experiência, pode-se dizer *a priori* que bem poucos mendigos são perigosos, porque, se fossem, seriam tratados de acordo. Um albergue geralmente admite cem mendigos em uma noite, e eles são coordenados por uma equipe de, no máximo, três funcionários. Cem bandidos não poderiam ser controlados por três homens desarmados. De fato, quando se vê como os mendigos se deixam intimidar pelos funcionários da casa de indigentes, fica evidente que são as criaturas mais dóceis e domesticadas que se pode imaginar. Ou pense na ideia de que todos os mendigos são bêbados – uma ideia ridícula diante de tudo isso. Sem dúvida, muitos mendigos beberiam, se tivessem a chance, mas, pela natureza das coisas, eles não têm essa chance. Neste momento, uma substância líquida e clara chamada cerveja custa sete pence o litro na Inglaterra. Ficar bêbado de cerveja custaria pelo menos meia coroa, e um homem que pode gastar meia coroa muitas vezes não é um mendigo. A ideia de que os mendigos são parasitas sociais impudentes ("mendigos inveterados") não é absolutamente infundada, mas só é verdadeira em uma pequena porcentagem dos casos. Parasitismo deliberado e cínico, como o que se lê nos livros de Jack London sobre a mendicância americana, não está no caráter inglês. Os ingleses são um povo orientado pela consciência, com uma forte noção da pecaminosidade da pobreza. Não se pode imaginar o inglês comum transformando-se deliberadamente em parasita, e esse caráter nacional não muda necessariamente porque um homem perde o emprego. Na verdade, se lembrarmos que um mendigo é só um inglês desempregado, forçado por lei a viver como um vagabundo, o mendigo-monstro desaparece. Não estou dizendo, é claro, que a maioria dos mendigos são personagens ideais; estou dizendo apenas que são seres humanos comuns, e, se são piores que as outras pessoas, isso é resultado, não a causa de seu modo de vida.

Conclui-se que a atitude de "é bem feito para eles", que normalmente é adotada para com os mendigos, não é mais justa do que seria com aleijados ou inválidos. Quando alguém percebe isso, começa a se colocar no lugar de um mendigo e entender como é a vida dele. É uma vida extraordinariamente fútil e muito desagradável. Descrevi o albergue – a rotina diária de um mendigo –, mas existem três males especiais nos quais é preciso insistir. O primeiro é a fome, que é o destino quase geral dos mendigos. O albergue dá a eles uma ração que provavelmente nem é suficiente, e qualquer coisa além disso tem que ser obtida mendigando – isto é, infringindo a lei. O resultado é que quase todos os mendigos são prejudicados pela desnutrição; se quer uma prova disso, basta olhar para os homens enfileirados do lado de fora de qualquer albergue. O segundo grande mal da vida de um mendigo – parece muito menor à primeira vista, mas é um bom segundo lugar – é que ele fica totalmente privado do contato com as mulheres. Este ponto precisa ser elaborado.

Os mendigos são isolados das mulheres, em primeiro lugar, porque há muito poucas mulheres nesse nível da sociedade. Pode-se imaginar que, entre as pessoas destituídas, a distribuição por gênero seria tão equilibrada quanto em outros lugares. Mas não é assim; na verdade, é quase possível dizer que, abaixo de um certo nível, a sociedade é inteiramente masculina. Os dados a seguir, publicados pelo L.C.C. (Conselho do Condado de Londres) e obtidos em um censo noturno realizado em 13 de fevereiro de 1931, mostra os números relativos de homens destituídos e mulheres destituídas[7]:

Passam a noite nas ruas 60 homens, 18 mulheres.

Em abrigos e casas não licenciados, como pensões comuns, 1.057 homens, 137 mulheres.

Na cripta da Igreja de St. Martin's-in-the-Fields, 88 homens, 12 mulheres.

Nos abrigos e albergues do L.C.C., 674 homens, 15 mulheres.

Percebe-se a partir desses números que, no nível de caridade, os homens superam as mulheres em algo como dez para um. O motivo é, presumivelmente, que o desemprego afeta menos as mulheres do que os homens; além disso, qualquer mulher apresentável pode, em último caso, envolver-se com algum homem. O resultado, para um mendigo, é que ele está condenado ao celibato perpétuo. Pois é claro que nem é preciso dizer que, se um mendigo não encontra mulheres em seu nível, as que estão acima – mesmo que só um pouco acima – são tão inacessíveis para ele quanto a lua. Não vale a pena discutir os motivos, mas não há dúvida de que as mulheres nunca, ou quase nunca, têm condescendência com homens muito mais pobres que elas. Um mendigo, portanto, é celibatário desde o momento em que vai para a rua. Não tem nenhuma esperança de

---

[7] Deve ser subestimado. Mesmo assim, as proporções se sustentam bem. (N.T.)

NA PIOR EM PARIS E LONDRES

encontrar uma esposa, uma amante ou qualquer tipo de mulher, exceto – muito raramente, quando consegue juntar alguns xelins – uma prostituta.

Os prováveis resultados disso são óbvios: homossexualidade, por exemplo, e casos ocasionais de estupro. Mas, mais profundo que isso, existe a degradação que acontece em um homem que sabe que não é considerado apto nem para o casamento. O impulso sexual, para não o colocar em um lugar ainda maior, é um impulso fundamental, e essa falta de saciedade é como uma fome que pode ser quase tão desmoralizante quanto a fome física. O mal da pobreza não é tanto fazer o homem sofrer, mas degradá-lo espiritual e fisicamente. E não pode haver dúvida de que a fome sexual contribui para esse processo de degradação. Alienado de toda a classe feminina, o mendigo se sente rebaixado à categoria de aleijado ou lunático. Nenhuma humilhação poderia causar mais danos ao autorrespeito de um homem.

O outro grande mal da vida de um mendigo é o ócio forçado. Pelas nossas leis de vadiagem, as coisas são organizadas de tal forma que, quando ele não está andando na rua, está sentado em uma cela; ou, entre um e outro, deitado no chão esperando a abertura do albergue. É óbvio que esse é um modo de vida desanimador e desmoralizador, especialmente para um homem sem instrução.

Além desses, podem-se enumerar dezenas de males menores – para citar apenas um, o desconforto, que é inseparável da vida na rua; vale lembrar que o mendigo comum não tem roupas além das que está vestindo, usa sapatos que nem sempre são do seu número e não se senta em uma cadeira há meses. Mas o ponto importante é que os sofrimentos de um mendigo são totalmente inúteis. Ele vive uma vida tremendamente desagradável e a vive sem nenhum propósito. Não se poderia, de fato, inventar uma rotina mais fútil do que andar de prisão em prisão, passando talvez dezoito horas por dia na cela e na rua. Deve haver pelo menos várias dezenas de milhares de mendigos na Inglaterra. Todos os dias, eles gastam uma energia imensa – o suficiente para arar milhares de acres, construir quilômetros de estradas e dezenas de casas – em simples e inúteis caminhadas. Todos os dias eles perdem juntos, possivelmente, dez anos olhando para as paredes das células. Custam ao país pelo menos uma libra por semana por homem e não dão nada em troca. Eles dão voltas e mais voltas, num interminável e tedioso jogo das cadeiras que é inútil e nem mesmo pretende ser de qualquer utilidade para ninguém. A lei mantém esse processo, e estamos tão acostumados a ele que não nos surpreendemos. Mas é muito tolo.

Considerando a futilidade da vida de um mendigo, a questão é se algo poderia ser feito para melhorá-la. Obviamente, seria possível, por exemplo, tornar os albergues um pouco mais habitáveis, e isso está sendo feito em alguns casos. No ano passado, alguns albergues foram melhorados – tornaram-se irreconhecíveis, se os relatos correspondem à realidade – e fala-se em fazer o mesmo com todos. Mas isso não aborda o centro do problema. O problema é como transformar o mendigo de mendigo entediado e meio vivo em um ser humano que se preze. Um pouco mais de conforto não tem esse poder. Mesmo que os albergues se tornassem positivamente luxuosos (nunca serão)[8], a vida de um mendigo ainda seria desperdiçada. Ele ainda seria um indigente, banido do casamento e da vida doméstica, e um peso morto para a comunidade. O que é preciso é tirá-lo da condição de indigência, e isso só pode ser feito pelo trabalho – não o trabalho pelo trabalho, mas um trabalho de cujo benefício ele possa desfrutar. No momento, na grande maioria dos albergues e abrigos, os mendigos não fazem nenhum tipo de trabalho. Houve um tempo em que eram obrigados a quebrar pedras para se alimentar, mas isso parou quando eles quebraram pedra suficiente para os anos seguintes e deixaram os quebradores de pedra sem trabalho. Hoje em dia, eles ficam ociosos, porque aparentemente

---

[8] Para ser justo, é preciso acrescentar que alguns albergues foram melhorados recentemente, pelo menos do ponto de vista das acomodações para dormir. Mas a maioria deles continua como sempre foi, e não houve nenhuma melhoria real na comida. (N.T.)

NA PIOR EM PARIS E LONDRES

não há nada para fazerem. No entanto, há uma maneira óbvia de torná-los úteis: cada albergue poderia administrar uma pequena fazenda, ou pelo menos uma horta, e todo mendigo apto que se apresentasse poderia ser obrigado a cumprir um bom dia de trabalho. Os produtos da fazenda ou da horta poderiam ser usados para alimentar os mendigos e, na pior das hipóteses, seria melhor que a dieta de pão, margarina e chá. É claro que os abrigos nunca poderiam ser totalmente autossuficientes, mas poderiam progredir muito nessa direção, e os preços provavelmente se beneficiariam em longo prazo. É preciso lembrar que, no sistema atual, os mendigos representam um prejuízo mortal para o país, pois não só não trabalham, como vivem de uma dieta que certamente prejudicará sua saúde; o sistema, portanto, perde vidas e dinheiro. Valeria a pena tentar pôr em prática um esquema que os alimentasse decentemente e os fizesse produzir pelo menos uma parte da própria comida.

Pode-se argumentar que uma fazenda, ou mesmo uma horta, não pode ser administrada com mão de obra ocasional. Mas não há razão real para que os mendigos fiquem apenas um dia em cada albergue; eles poderiam ficar um mês, ou até um ano, se houvesse trabalho para fazerem. A circulação constante de mendigos é algo muito artificial. No momento, um mendigo é uma despesa, e o objetivo de cada casa de indigente é, portanto, empurrá-lo para a casa seguinte; daí a regra de que ele só pode ficar por uma noite. Se voltar no período de um mês, ele é penalizado com uma semana de confinamento e, como isso é o mesmo que estar na prisão, naturalmente ele continua em movimento. Mas, se ele trabalhasse para a casa de indigentes, e a casa de indigentes representasse uma boa alimentação para ele, seria outra história. Os abrigos se tornariam instituições parcialmente autossustentáveis, e os mendigos, estabelecendo-se aqui ou ali de acordo com a necessidade, deixariam de ser mendigos. Eles estariam fazendo algo relativamente útil, assegurando alimentação decente e levando uma vida estável. Aos poucos, se o esquema funcionasse bem,

GEORGE ORWELL

poderiam até deixar de ser considerados indigentes, se casar e ocupar um lugar respeitável na sociedade.

Essa é apenas uma ideia geral à qual existem algumas objeções óbvias. No entanto, sugere uma maneira de melhorar o *status* dos mendigos sem aumentar as despesas do estado. E a solução deve, em qualquer caso, ser algo desse tipo. Pois a questão é: o que fazer com os homens subnutridos e ociosos? E a resposta – fazê-los cultivar os próprios alimentos – se apresenta automaticamente.

CAPÍTULO 37

Uma palavra sobre as acomodações disponíveis para um sem-teto dormir em Londres. Atualmente, é impossível conseguir uma cama em qualquer instituição que não seja de caridade em Londres por menos de sete pence por noite. Se você não pode pagar sete pence por uma cama, tem que enfrentar um dos seguintes substitutos:

1. O Embankment. A seguir o relato de Paddy sobre dormir no Embankment:

"A questão toda com o Embankment é dormir cedo. Você tem que estar no seu banco às oito horas, porque não tem muitos bancos e, às vezes, estão todos ocupados. E você tem que tentar dormir imediatamente. Faz muito frio, e fica difícil dormir muito depois da meia-noite, e a polícia chega às quatro da manhã. Não é fácil dormir, cara, e os malditos bondes passam voando por cima da sua cabeça o tempo todo, e os sinais suspensos sobre o rio acendendo e apagando na sua cara. O frio é cruel. Quem dorme lá geralmente se embrulha em jornal, mas não adianta muito. É muita sorte conseguir dormir por três horas."

Dormi no Embankment e descobri que é exatamente como Paddy descreveu. É, no entanto, muito melhor do que não dormir, que é a alternativa, se você pernoitar na rua, em outro lugar que não seja o Embankment. De acordo com a lei de Londres, você pode passar a noite sentado, mas a polícia tem de expulsá-lo se o vir dormindo; o Embankment e um ou dois outros lugares (tem um atrás do Lyceum Theatre) são exceções especiais. Essa lei é evidentemente uma ofensiva intencional. O objetivo, dizem, é impedir que as pessoas morram por exposição ao frio; mas é claro que, se um homem não tem casa e vai morrer de exposição, morrerá, dormindo ou acordado. Em Paris, essa lei não existe. Lá, as pessoas dormem por conta própria sob as pontes do Sena, e nas portas, e nos bancos das praças, e ao redor dos poços de ventilação do metrô, e mesmo dentro das estações do metrô. Não causa nenhum dano aparente. Ninguém vai passar uma noite na rua se puder evitar, e, se tem que ficar na rua, melhor dormir, se puder.

2. O Twopence Hangover. É um pouco melhor que o Embankment. No Twopence Hangover (Cabana de Dois Pence), os hóspedes se sentam em fila em um banco; tem uma corda na frente deles, e eles se apoiam na corda como se estivessem debruçados sobre uma cerca. Um homem, chamado ironicamente de "camareiro", corta a corda às cinco da manhã. Eu mesmo nunca estive lá, mas Bozo esteve muitas vezes. Perguntei a ele se alguém conseguia dormir nessas condições, e ele disse que era mais confortável do que parecia – de qualquer forma, era melhor do que chão duro. Existem abrigos semelhantes em Paris, mas o preço lá é só 25 centavos (meio pence), em vez de dois pence.

3. O Coffin (caixão), a quatro pence por noite. No Coffin você dorme em uma caixa de madeira, com uma lona para se cobrir. É frio, e o pior são os percevejos, dos quais, fechados em uma caixa, não se pode escapar.

Acima dessas opções estão as pensões comuns, com preços que variam entre sete pence e um xelim e um pence por noite. As melhores são as Rowton Houses, onde o preço é um xelim, que dá direito a um cubículo só para você e ao uso de excelentes banheiros. Você também pode pagar meia coroa por um "especial", que é praticamente uma acomodação em um hotel. As Rowton Houses são edifícios esplêndidos, e a única objeção a elas é a disciplina rígida, com regras contra cozinhar, jogar cartas, etc. Talvez a melhor propaganda das Rowton Houses seja o fato de estarem sempre lotadas. As Casas Bruce, por um pence, também são excelentes.

Em segundo lugar, em termos de limpeza, estão os albergues do Exército de Salvação, por sete ou oito pence. Eles variam (já estive em um ou dois que não eram muito diferentes de pensões comuns), mas a maioria é limpa e tem bons banheiros; você tem que pagar a mais por um banho, entretanto. É possível conseguir um cubículo por um xelim. Nos dormitórios de oito pence, as camas são confortáveis, mas são tantas (em regra, pelo menos quarenta por quarto), e tão juntas, que é impossível ter uma noite tranquila. As inúmeras restrições cheiram a prisão e caridade. Os albergues do Exército de Salvação só atrairiam pessoas que colocam a limpeza acima de tudo.

Além disso, tem as pensões comuns. Não importa se custa sete pence ou um xelim, todas são abafadas e barulhentas, e as camas são sujas e desconfortáveis. O que as redime é a atmosfera *laissez-faire* e as cozinhas aconchegantes e caseiras, onde se pode relaxar a qualquer hora do dia ou da noite. São covis esquálidos, mas é possível ter algum tipo de vida social nelas. As pensões femininas são geralmente piores do que as masculinas, e há poucas casas com acomodação para casais. Na verdade, não é nada incomum um morador de rua dormir em uma pensão, e sua esposa, em outra.

Atualmente, pelo menos quinze mil pessoas em Londres vivem em pensões comuns. Para um homem solteiro que ganha duas libras por semana, ou menos, uma pensão é uma grande conveniência. Ele dificilmente conseguiria um quarto mobiliado tão barato, e a pensão oferece fogo de graça, algum tipo de banheiro e muita companhia. Quanto à sujeira, é um mal menor. O pior defeito das pensões é que são lugares onde se paga para dormir e onde é impossível dormir profundamente. Tudo o que se obtém com o pagamento é uma cama medindo um metro e oitenta por setenta e cinco centímetros, com um colchão duro e convexo e um travesseiro que mais parece um bloco de madeira, coberto por uma colcha de algodão e dois lençóis cinza fedorentos. No inverno há cobertores, mas nunca o suficiente. E essa cama fica em um quarto onde nunca há menos de cinco, às vezes cinquenta ou sessenta camas, separadas por um ou dois metros. Claro, ninguém pode dormir profundamente nessas circunstâncias. Os únicos outros lugares onde as pessoas são agrupadas desse jeito são os quartéis e os hospitais. Nas enfermarias públicas de um hospital, ninguém espera dormir bem. Nos quartéis, os alojamentos são lotados, mas as camas são boas, e os soldados são saudáveis; em uma pensão comum, quase todos os hóspedes têm tosse crônica, e grande parte deles tem doenças da bexiga que os fazem acordar de hora em hora, a noite toda. O resultado é uma algazarra perpétua que torna o sono impossível. Até onde observei, ninguém em uma pensão dorme mais que cinco horas por noite – um tremendo prejuízo, quando se pagam sete pence ou mais.

Nessa área, a legislação pode fazer alguma coisa. Atualmente, existe todo tipo de leis do L.G.C. sobre pensões, mas não para defender os interesses dos hóspedes. O L.G.C. só se empenha para proibir bebida, jogo, briga, etc., etc. Não há nenhuma lei que diga que as camas em uma pensão devem ser confortáveis. Isso seria algo muito fácil de impor – muito mais fácil, por exemplo, do que restrições ao jogo. Os donos das pensões deveriam ser obrigados a providenciar roupas de cama adequadas e colchões melhores e, sobretudo, a dividir seus dormitórios em cubículos. Por menor que seja o cubículo, o importante é que o homem esteja sozinho enquanto dorme. Essas poucas modificações, estritamente aplicadas, fariam uma enorme diferença. Não é impossível fazer uma pensão razoavelmente confortável e cobrar as tarifas habituais. Na pensão municipal de Groydon, onde o preço é de apenas nove pence, há cubículos, boas camas, cadeiras (um luxo muito raro em pensões) e cozinhas no nível da rua, não no porão. Não há razão para que cada pensão de nove pence não corresponda a esse padrão.

NA PIOR EM PARIS E LONDRES

Naturalmente, os proprietários de pensões se oporiam em bloco a qualquer melhoria, pois têm um negócio que hoje é imensamente lucrativo. A casa média arrecada cinco ou dez libras por noite, sem risco de dívidas e inadimplência (o crédito é estritamente proibido) e, com exceção do aluguel, as despesas são pequenas. Qualquer melhoria significaria menos aglomeração e, portanto, menos lucro. Mesmo assim, a excelente pensão municipal em Croydon mostra como alguém pode ser bem servido por nove pence. Algumas leis bem aplicadas poderiam tornar essas condições gerais. Se as autoridades vão se preocupar com pensões, devem começar por torná-las mais confortáveis, não por meio de restrições tolas que jamais seriam toleradas em um hotel.

CAPÍTULO 38

Depois que saímos do abrigo em Lower Binfield, Paddy e eu ganhamos meia coroa capinando e varrendo o jardim de alguém, passamos a noite em Cromley e voltamos para Londres. Separei-me de Paddy um ou dois dias depois. B. me emprestou as duas últimas libras e, como eu tinha que aguentar só mais oito dias, esse foi o fim dos meus problemas. Meu imbecil manso acabou se mostrando pior do que eu esperava, mas não o suficiente para me fazer querer voltar ao albergue ou ao Auberge de Jehan Cottard.

Paddy foi para Portsmouth, onde tinha um amigo que talvez pudesse arrumar emprego para ele, e nunca mais o vi desde então. Pouco tempo atrás, fiquei sabendo que ele foi atropelado e morreu, mas meu informante pode tê-lo confundido com outra pessoa. Tive notícias de Bozo há três dias. Ele está em Wandsworth – quatorze dias mendigando. Não creio que a prisão o preocupe muito.

Minha história termina aqui. É uma história bastante trivial, e só posso esperar que tenha sido interessante da mesma forma que um diário de viagem é interessante. Posso pelo menos dizer: este é o mundo que espera por você, se ficar sem um tostão. Em alguns dias, quero explorar esse

NA PIOR EM PARIS E LONDRES

mundo mais profundamente. Gostaria de conhecer pessoas como Mario e Paddy e Bill, o pedinte, não por encontros casuais, mas de maneira mais próxima; gostaria de entender o que realmente acontece na alma dos *plongeurs*, mendigos e homens que dormem no Embankment. No momento, sinto que não vi mais que as franjas da pobreza.

Ainda assim, posso apontar uma ou duas coisas que definitivamente aprendi na pobreza. Nunca mais pensarei que todos os mendigos são patifes bêbados, nem vou esperar que um mendigo agradeça quando eu der um centavo, nem ficarei surpreso se homens sem trabalho não tiverem energia, nem vou me inscrever no Exército da Salvação, nem penhorar minhas roupas, nem recusar um folheto, nem desfrutar de uma refeição em um restaurante elegante. Já é um começo.

1933